MARTIN BENZ • Wenn der Glaube nicht mehr passt

MARTIN BENZ

Wenn der Glaube nicht mehr passt

Ein Umzugshelfer

neukirchener

MIX
Papier aus verantwortungsvollen Quellen
FSC® C014138
FSC www.fsc.org

Bibliografische Information der Deutschen Nationalbibliothek:
Die Deutsche Nationalbibliothek verzeichnet diese Publikation in der Deutschen Nationalbibliografie; detaillierte bibliografische Daten sind im Internet über http://dnb.d-nb.de abrufbar.

4. Auflage 2025

Andreas-Bräm-Straße 18/20, 47506 Neukirchen-Vluyn,
info@neukirchener-verlage.de

Umschlaggestaltung: Grafikbüro Sonnhüter, www.grafikbuero-sonnhueter.de, unter Verwendung eines Bildes von © Kuznetsov Dmitriy, photomaster, Omeris, ArtKio (shutterstock.com)
DTP: Burkhard Lieverkus, Wuppertal
Lektorat: Hauke Burgarth, Pohlheim
Verwendete Schrift: Scala
Gesamtherstellung: Finidr, s.r.o.
Printed in Czech Republic
ISBN 978-3-7615- 6862-0 Print
ISBN 978-3-7615-6863-7 E-Book

www.neukirchener-verlage.de

Inhalt

Einleitung

Progressiv glauben – was ist das eigentlich? Vielleicht haben Sie diesen Begriff schon einmal gehört, vielleicht ist er für Sie mit Vorurteilen besetzt, vielleicht zählen Sie sich selbst zur „progressiven Szene".

Für mich heißt progressiv glauben, meinen Glauben weiterzuentwickeln. Ich möchte vorwärts glauben, in die Zukunft glauben und mit meinem Glauben leidenschaftlich alt werden. Ich möchte nicht akzeptieren, dass Teile meines Glaubens immer irrelevanter werden und mit meinem Alltag wenig zu tun haben. Meine Lebensrealität muss in meinem Glauben ein Zuhause finden und nicht von ihm wegdriften.

Dieses Buch soll dabei helfen, Glauben weiterzuentwickeln und in dem Sinne progressiv zu werden. Es soll helfen, mit dem eigenen Glauben ein neues Zuhause zu finden, vor allem dann, wenn die bisherigen Glaubensüberzeugungen nicht mehr passen. Wer immer wieder denkt: „So kann ich nicht mehr glauben" oder „Das kann ich nicht mehr glauben", könnte bei diesem Buch am richtigen Ort sein.

Es geht mir nicht um atheistische Glaubensverneinung, vielmehr um die wachsende Zahl von Christen, die den Eindruck haben, dass ihr bisheriger Glaube nicht mehr funktioniert, keine Begeisterung mehr weckt, keine Antworten auf brennende Fragen bietet und in seiner Perspektive vor allem rückwärtsgewandt ist. Dieser Glaube bewährt sich zu wenig in der Gegenwart und begründet sich vor allem aus der Vergangenheit. Er dient zu oft als Verteidigung des Alten, statt als Gestaltungskraft von Neuem.

Das Bild des Umzugs soll helfen, sich Klarheit darüber zu verschaffen, was am eigenen Glauben kostbar ist und darum mit in den Umzugswagen kommt. Es soll aber auch aufzeigen, welche Anteile am eigenen Glauben besser entsorgt gehören und ebenso, welche Glaubensaspekte man sich ganz neu aneignen sollte. Am Ende wünsche ich meinen Lesern und Leserinnen einen Glauben, der deutlich vorangekommen ist, progressiv lebt, keine Angst vor der Zukunft hat und in seinem Kern die Fähigkeit besitzt, Gott in allen Phasen des Lebens zu entdecken und mit ihm das Leben zu gestalten und zum Blühen zu bringen.

Lukas Amstutz, Leiter des christlichen Bildungszentrums Bienenberg bei Basel, ist es meiner Meinung nach gelungen, in wenigen Thesen zusammenzufassen, was progressiven Glauben im Wesentlichen ausmacht. Im „Bienenberg Magazin" schreibt er: „Auch in Freikirchen entfremden sich Menschen von ihrem bisherigen Glauben und verabschieden sich von ihrer Gemeinde. Das gab es schon immer. Ein neueres Phänomen ist allerdings, dass zunehmend Stimmen laut werden, die in solchen Entfremdungsprozessen eine Chance sehen, neu zu entdecken, was sich als glaubenswert erweist. Diese Stimmen werden meist als progressiv oder post-evangelikal bezeichnet. Gemeinsam ist ihnen eine tiefe Unruhe über traditionell-(frei) kirchliche Glaubensinhalte und -formen."[1] Vor allem die folgenden Punkte sieht Lukas Amstutz dabei besonders im Fokus:

---

1 BIENENENBERG Bienenberg Magazin, Winter/Frühling 2020, Seite 11, https://de.bienenberg.ch/medien/magazin7; mit freundlicher Genehmigung des Autors.

DIE BIBEL UND IHRE AUSLEGUNG

Menschen mit progressivem Glauben beschäftigt die Unterschiedlichkeit biblischer Texte mit ihren teils spannungsvollen Aussagen. Einsichten der Bibelwissenschaften helfen ihnen, die Texte in ihrem Kontext zu lesen und ihre Weisheit in moderne Lebenswelten zu übersetzen.

GANZHEITLICHES EVANGELIUM

Menschen mit progressivem Glauben sorgen sich nicht primär um das „Seelenheil", sondern erwarten, dass die gute Nachricht vom Reich Gottes bereits heute zu einem christlichen Lebensstil anstiftet, der auch soziale und ökologische Gerechtigkeit umfasst.

DAS VERHÄLTNIS ZUR WELT

Menschen mit progressivem Glauben erleben, dass auch außerhalb der Kirchen viel Gutes geschieht. Sie erkennen darin das Wirken Gottes und sind bereit, Wege des Miteinanders zu suchen, die ein friedliches Zusammenleben fördern.

GEMEINSCHAFT VOR STRUKTUREN

Menschen mit progressivem Glauben pflegen neue Formen von Gemeinschaften, die Gruppenzugehörigkeit mit Flexibilität, Authentizität, Respekt vor der persönlichen Individualität und Platz für Scheitern zu verbinden suchen.

GLAUBWÜRDIGES CHRISTSEIN

Menschen mit progressivem Glauben scheuen sich nicht, Fragen und Zweifel offen zu formulieren. Schnellen und einfachen Antworten misstrauen sie. Sie ziehen es vor, mit gewissen Spannungen und Brüchen zu leben, anstatt eine christliche Doppelmoral zu leben.

DIE LIEBE GOTTES ALS HAUPTANTRIEB

Menschen mit progressivem Glauben lassen sich von der Liebe Gottes motivieren, ihren Glauben mit anderen zu teilen. In dieser Liebe sehen sie auch ihre Offenheit gegenüber anderen Lebensentwürfen und -formen begründet.[2]

Für mich klingen diese Thesen verheißungsvoll. Sie stoßen Türen auf, öffnen Räume und lösen Blockaden. Das vorliegende Buch greift einige dieser Thesen auf, um sie zu vertiefen. Ich möchte ein Bild davon malen, wie progressiver Glaube aussehen könnte, welche Chancen er hat und welches Potenzial in ihm steckt, um neue Begeisterung für Jesus zu wecken. Wer wieder Freude am eigenen Glauben empfindet, der ist nur einen kleinen Schritt davon entfernt, auch andere ganz neu zu diesem Glauben einzuladen.

Der Umzugswagen steht vor der Tür. Und jetzt geht's los!

---

2 Ebd. Seite 11.

Teil 1 Glaubensmüdigkeit

1. Glaubensentwicklung

Warum „Zurück zur ersten Liebe“ der falsche Weg ist

Glaube entwickelt sich. Das ist meine tiefe Überzeugung. Wenn ich mein eigenes Leben betrachte, dann sieht mein heutiger Glaube anders aus als im Alter von 13 Jahren, als ich diesen Glauben für mich entdeckt habe. Glaube geht durch Phasen, und es dient seiner Gesundheit, dass er immer wieder die Übereinstimmung mit der eigenen Lebensrealität sucht.

Je ernster Menschen ihren Glauben nehmen, desto absoluter und unveränderlicher wünschen sie ihn sich manchmal. Sie unternehmen große Anstrengungen, damit er sich bloß nicht verändert, nicht verwässert oder lau wird. Glaube soll bleiben, wie er ist, bleiben wie am Anfang, immer deckungsgleich mit einem Mix an Überzeugungen, den man aus einem bestimmten Bibelverständnis hergeleitet hat.

Und doch erleben manche Christen über die Jahre hinweg die zunehmende Entfremdung ihres starren Glaubens von ihrem Leben. Mir begegnen immer mehr Christen, die mit ihrem Glauben ehrlich werden wollen. Für sie ist die innere

Spannung zu groß geworden, und sie erleben den Glauben zunehmend als frustrierende Erfahrung. Diese Christen sind glaubensmüde, sie fühlen sich in ihrem eigenen Glauben nicht mehr zu Hause.

Ein bestimmtes Entwicklungsmuster begegnet mir dabei immer wieder. Ich gebe hier einen ersten kurzen Überblick, um dann genauer auf die einzelnen Phasen einzugehen.

Leidenschaft

Bei vielen Christen beginnt das Glaubensleben mit dem, was man typischerweise als „erste Liebe" oder Leidenschaft bezeichnen könnte. Überwältigende Erfahrungen mit Gott oder Gemeinschaft zünden ein inneres Feuer an, das viel Glaubensenergie freisetzt. Es ist eine Phase hoher Aktivität bei nicht so hoher Reflexion dessen, was man da eigentlich glaubt.

Glaubenssystem

Im Laufe der Zeit entwickelt sich daraus ein Glaubenssystem. Es wachsen theologische Überzeugungen, man eignet sich bewusst oder unbewusst eine bestimmte Dogmatik (Glaubenslehre) an. Der Glaube gewinnt an Profil mit klaren Ansichten. In dieser Phase erlebt man zunächst eine wachsende Synchronizität zwischen Lebensrealität und Glaubensrealität.

Realität

In der dritten Phase klaffen Lebens- und Glaubensrealität immer weiter auseinander. Durch ausbleibende Gebetserhörungen, geplatzte Lebensträume, Brüche in der eigenen Biografie, Gemeindekonflikte oder die Konfrontation mit anderen Glaubensmodellen bekommt das Glaubenssystem Risse. Die Eindeutigkeit bisheriger Überzeugungen schwindet und man erlebt eine wachsende Enttäuschung, Skepsis und Ernüchterung dem Glauben gegenüber. Diese Phase ist oft mit Schuldgefühlen und schlechtem Gewissen verbunden, weil man weiß, was man eigentlich glauben sollte, es wegen der Brüchigkeit des Glaubens aber nicht mehr kann.

Zynismus

Oftmals hält ein inneres Aufbäumen gegenüber Ernüchterung und Frustration eine Zeit lang an, nur um einen dann umso härter auf den Boden der Realität zu werfen. Die Fragen, die entstanden sind, und der Zweifel, der sich eingeschlichen hat, lassen sich irgendwann nicht mehr zum Schweigen bringen. Die Appelle an die erste Liebe ziehen nicht mehr, und ihr ständiges Wiederholen lässt einen nur abstumpfen. Wer dies oft genug mitgemacht hat, dessen Ernüchterung und Frustration kann am Ende so weit führen, dass nur noch ein dumpfer Zynismus Gott und dem Glauben gegenüber übrigbleibt oder der Glaube gänzlich verloren geht.

Ich plädiere mit diesem Buch für einen anderen Weg: nicht zurück zur ersten Liebe finden, sondern durch die Veränderung unseres Glaubens, das Ernstnehmen unserer Brüche, Fragen und Zweifel die Möglichkeit schaffen, dass Glaube und Leben sich synchron entwickeln. Dadurch können eine neue Liebe und eine neue Leidenschaft wachsen für einen Glauben, der wieder authentisch und im wahrsten Sinne des Wortes „glaubwürdig“ ist.

Phasen der Glaubensentwicklung

Um diese Idee der Glaubensentwicklung zu vertiefen, möchte ich ausführlicher auf die einzelnen Phasen eingehen. Gleichzeitig gebe ich ein wenig biografischen Einblick in meine eigene Glaubensentwicklung.

Glaubensentwicklung

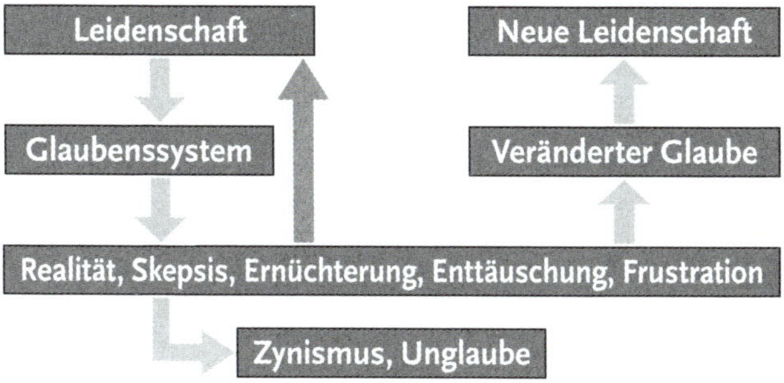

Phase 1: Leidenschaft
Wenn Menschen für sich den Glauben entdecken, folgt oft eine Phase großer Begeisterung und Leidenschaftlichkeit. Da statistisch gesehen der Großteil der Menschen in der Jugendzeit zum Glauben findet, ist dieses Bekehrungserlebnis oftmals mit jugendlichem Eifer und Elan gepaart. Theologie und differenzierte Glaubensvorstellungen spielen eine untergeordnete Rolle. Es geht weniger um das Verstehen als um das Praktizieren des Glaubens. Vieles in dieser anfänglichen Phase ist unreflektiert – dafür umso eifriger. Glaube wird nicht durchdacht, er wird erlebt.

Mein eigener Glaube beginnt leidenschaftlich
In meinem eigenen Leben habe ich das stark so erfahren. Obwohl ich katholisch aufwuchs und auch meine Erstkommunion und Firmung mitmachte, begegnete mir die Dynamik eines persönlichen Glaubens und christlicher Gemeinschaft erst im Rahmen einer Jugendgruppe. Durch die Einladung von Klassenkameraden ging ich mit 13 Jahren in die Jungschar, ein Angebot des CVJM (Christlicher Verein Junger Menschen). Auch wenn in der Jungschar gesungen und gebetet wurde, lag der

Fokus doch auf gemeinsamen Aktionen, Spielen und Erlebnissen im Wald oder Gelände. Daneben gab es allerdings einen Bibelkreis, den ich nach kurzer Zeit ebenfalls besuchte. Die Beschäftigung mit biblischen Texten, das gemeinsame Diskutieren darüber und die lehrreichen Inputs haben mich fasziniert. Ich konnte meine Fragen loswerden und mich hat vor allem der Glaube der Leiter begeistert und angespornt. So kam es, dass ich mich kurze Zeit darauf „bekehrte". Ich wollte ganz zu dieser Gemeinschaft und auch zu Gott gehören.

Nur ein Jahr darauf verstarb meine Mutter nach einem langwierigen Krebsleiden, und meine Jugendkreisleiter waren besorgt, was diese traumatische Erfahrung mit meinem jungen Glauben machen würde. Auch wenn dieser Tod eine starke Trauerphase ausgelöst hatte, erlitt mein Glaube keinen Schiffbruch, sondern gab mir Halt und Perspektive.

Der Heilige Geist kommt

Auf Jugendfreizeiten, die ich regelmäßig besuchte, wurde immer öfter über das Thema „Heiliger Geist" gesprochen. Bis dahin waren mir die Themen „Heiliger Geist", „Pfingsten" oder „Charismatik" gänzlich unbekannt und in den 80er-Jahren des letzten Jahrhunderts auch nicht unumstritten. Aber weil mich Erfahrungen mit dem Heiligen Geist sehr interessierten, fragte ich offensiv nach und vertiefte mich in entsprechende Literatur und Bibelstellen. Es dauerte nicht lange, bis ich Jugendleiter und Freunde bat, für mich um die Erfüllung mit dem Heiligen Geist zu beten. Ich erinnere mich noch sehr gut daran, wie ich als 16-Jähriger zu Hause an meinem Schreibtisch saß und mit ganzer Entschlossenheit und Vertrauen Gott um diese Erfüllung mit dem Heiligen Geist bat. Ich hatte die feste Erwartung, als Zeichen dieser Erfüllung auch die Gabe des Sprachenredens (Zungenreden) geschenkt zu bekommen.

Und so begann ich mutig nach meinem „Amen" in anderen Sprachen zu beten. Neben der großen Begeisterung über diese Geistesgabe kamen mir beim Mithören meines eigenen unverständlichen Plapperns doch beträchtliche Zweifel, ob ich das Ganze nicht gerade selbst produzierte. Die aufregende Erfahrung wurde durch diesen Zweifel eingetrübt. Aber ich wollte mich nicht geschlagen geben. Und so unterbreitete ich Gott folgenden Vorschlag (das ist nicht unbedingt zur Nachahmung empfohlen!): Ich würde die Losung der Herrnhuter Brüdergemeine, die ich normalerweise regelmäßig las, aber an diesem Tag eben noch nicht gesehen hatte, aufschlagen, und dort sollte stehen, wie mein Sprachengebet zu beurteilen war. Hatte dieses Gebet Bestand vor Gott oder machte ich es selbst? Als ich das Losungsbüchlein zur Hand nahm und die Texte für den 8. Mai 1983 aufschlug, lautete der Bibeltext folgendermaßen: *„Gelobt sei Gott, der mein Gebet nicht verwirft, noch seine Güte von mir wendet."* (Psalm 66,20). Und im anschließenden Gebet stand: *„Nichts habe ich von mir selbst; alles ist Gabe von dir..."*. Man kann sich kaum vorstellen, welche Freude und welches Erstaunen ich dadurch erlebte. Gott hatte direkt zu mir gesprochen, er hatte mich ernst genommen und mich beschenkt. Mehr noch als meine Bekehrung war dieses Erlebnis eine Art Initialzündung, die meinen Glauben mit Leidenschaft erfüllte. Die deutlichste Veränderung dieser Erfüllung mit dem Heiligen Geist war allerdings nicht das Sprachengebet, sondern eine starke Veränderung in meinem Bibellesen.

Liebe zur Bibel

Bis dahin hatte ich große Mühe in der Bibel zu lesen. Ich nutzte zu diesem Zeitpunkt einen Bibelleseplan für Teenager und versuchte, morgens nach dem Aufstehen die entsprechenden Verse und die dazugehörige Erklärung zu lesen. Das fiel mir richtig schwer. Des Öfteren bin ich dabei wieder eingeschlafen und fand es unzumutbar, mehr als fünf Verse am Stück lesen zu müssen. Nach meinem Erlebnis mit dem Heiligen Geist veränderte sich das völlig. In mir entwickelte sich ein Hunger nach der Bibel, und ich begann, sie zu verschlingen. Ich las in dieser Zeit ein Buch von Watchman Nee, einem bekannten und leidenschaftlichen Christen aus China, mit dem Titel „In Hingabe leben". In diesem Buch schrieb er: „Unsere Hoffnung ist, dass jeder Gläubige hundertmal durch die Bibel kommen möge. Wenn jemand 50 Jahre lang Christ sein darf, muss er die Bibel mindestens zweimal im Jahr durchgelesen haben, um auf hundert Mal zu kommen."[3]

Bei mir schlugen diese Worte ein wie eine Bombe! Für mich waren diese Zeilen Programm. Ich entwarf meinen eigenen Bibelleseplan, der darin bestand, jeden Tag sechs Kapitel aus dem Alten und drei Kapitel aus dem Neuen Testament zu lesen. So konnte ich die Bibel zweimal im Jahr durchlesen. Zudem hatte ich mein Taschengeld zusammengespart und konnte mir damit ein griechisches und ein hebräisches Wörterbuch kaufen, die mich damals mehr als 100 Mark pro Buch kosteten. Und so brachte ich mir selbst das Lesen von Griechisch und Hebräisch bei, um der Bibel in ihrer eigentlichen Sprache auf den Grund gehen zu können. Was hier vielleicht nach Pflicht und viel Arbeit klingt, hat mir unendlich viel Spaß gemacht. Wo mir vorher fünf Verse zu viel waren, stellte ich jetzt meinen Wecker jeden Morgen auf 5.40 Uhr, um dann vor der Schule meine ersten drei Kapitel zu lesen und eine halbe Stunde zu beten. Und am Nachmittag, nach dem Erledigen der Hausaufgaben, verbrachte ich nochmals zwei volle Stunden damit, die nächsten sechs Kapitel zu lesen und eine weitere Stunde zu beten.

---

3 Watchman Nee, In Hingabe leben, Hänssler-Verlag 1976, Seite 72.

Auch der Weg zur Schule blieb von radikaler Leidenschaft nicht verschont. Zusammen mit anderen Jugendlichen aus unserem Bibelkreis machten wir mit unseren Rädern auf halber Strecke zur Schule halt, um dort regelmäßig in einer Hütte eine Gebetsgemeinschaft zu haben. Als der katholische Priester des Ortes, der gleichzeitig unser Religionslehrer war, auf unser morgendliches Gebet aufmerksam wurde, bot er uns an, das katholische Gemeindezentrum direkt neben unserem Gymnasium für unsere Gebetstreffen vor der Schule nutzen zu können. Und es dauerte nicht lange, bis sich zum Teil 30 Personen am Morgen zum Gebet trafen: Schüler aus unterschiedlichen Klassen, der Pfarrer und weitere Personen aus der Pfarrei. Wir waren „on fire"!

Spielkarten brennen und Schallplatten zerbrechen

In diese Phase der ersten Liebe gehörte (und natürlich auch in die christlichen Vorstellungen der 1980er-Jahre), dass ich mich ganz deutlich von der Welt abgrenzen wollte. Ich war nun Teil einer anderen Gemeinschaft, war von Neuem geboren und gehörte nicht länger zu diesem „Kosmos".

Ich mochte mich nicht an den Werken der „Nichtchristen" beteiligen und trennte mich deshalb bewusst von allem Weltlichen. Diesem Bestreben fielen dann auch die Spielkarten meiner Familie zum Opfer, die für mich Ausdruck von etwas Okkultem waren. Sie wurden in einem feierlichen Akt auf einem Sandhügel hinter dem Jungschargelände verbrannt. Natürlich wollte ich mich auch von aller weltlichen Musik trennen, was dazu führte, dass ich meine gesamten nichtchristlichen Schallplatten und Hörspiele, die sich so im Lauf der Jahre angesammelt hatten, zerbrach und wegwarf. Darunter waren auch das Rote, das Blaue und das Weiße Album der Beatles, die im Verdacht standen, per „backward masking"[4] satanische Botschaften zu vermitteln (so manches dieser Alben habe ich mir Jahre später wieder angeschafft oder bin dankbar, sie heute auf Spotify vorzufinden).

Ich erinnere mich noch, wie ich in dieser Zeit dem Rektor der benachbarten Realschule eine heftige Standpauke hielt, weil er es zuließ, dass die Evolutionslehre ungebremst im Biologieunterricht vermittelt wurde. Ich erhielt Hausverbot in der Realschule. Und der evangelische Religionslehrer an unserem Gymnasium war mir ein besonderer Dorn im Auge. Seine historisch-kritische Bibelhaltung im Unterricht gefährdete in meinen Augen den Glauben, und ich rang ernsthaft mit mir, ob ich ihm nicht Einhalt gebieten müsste. Ich wollte mit ihm im Stile eines Paulus verfahren, der in der Apostelgeschichte den Zauberer Elymas als Kind des Teufels bezeichnete und ihn mit Blindheit schlug. Ich lauerte dem Religionslehrer im Schulhof auf, um dann im richtigen Moment hervorzutreten und ihn mit dem entsprechenden Fluch zu belegen. Zum Glück verließ mich am Ende dann doch der Mut. (Puh, beim Schreiben dieser Zeilen erschrecke ich auch fast 40 Jahre später noch über mich.)

Mir ist bewusst, dass nicht bei allen die Phase ihrer ersten Liebe mit einer derartigen Radikalität verbunden ist. Erste Liebe ist nicht erst dann vorhanden, wenn man die Bibel zweimal im Jahr durchliest und sich selbst Hebräisch beibringt. Es geht vielmehr um diese Anfangsphase, die ganz stark von Leidenschaft, Begeisterung und Hingabe geprägt ist. Wenn ich hier so leichtfüßig über die ersten Jahre meines Glaubens berichte, muss ich wahrscheinlich nicht erwähnen, was für ein arroganter Kerl ich in dieser Zeit war. Das Entdecken der eigenen christ-

---

4 Geheime Botschaften, die man nur hört, wenn man die Schallplatte rückwärts ablaufen lässt.

lichen Identität war oft verbunden mit dem Verurteilen anderer, einer stark abgrenzenden Haltung, einem elitären Denken, das oft stolz und überheblich wirkte.

Im christlichen Glauben aufgewachsen

Erste Liebe zeigt sich besonders dort, wo es ein vorchristliches Leben gibt, das durch ein Bekehrungserlebnis sein abruptes Ende findet. Der Wandel von „ungläubig“ zu „gläubig“ hat oftmals diese erste Leidenschaft zur Folge. Für manchen Christen ist es ein Schmerz, durch das Aufwachsen in einer christlichen Familie oder das Hineinwachsen in den Glauben über die ganze Kindheit hinweg nie solch ein klares Bekehrungserlebnis gehabt zu haben. Und weil sie nie einen Wechsel erlebt haben, konnte sich diese erste Liebe nicht entwickeln. Für diese Christen beginnt ihre Glaubensentwicklung oftmals mit Phase zwei, um die es im Folgenden gehen wird.

Phase 2: Glaubenssysteme

Durch das Lesen der Bibel, das Hören von Predigten, den Austausch mit anderen Christen und das Leben in einer christlichen Gemeinde entwickeln sich nach und nach klare christliche Überzeugungen. Auch ohne Theologiestudium entstehen bei jedem Christen in irgendeiner Form theologische Ansichten. Wir entwickeln ein bestimmtes Gottesbild, wir eignen uns ein bestimmtes Bibelverständnis an, wir haben klare Vorstellungen, wie Gebet funktioniert, welche Bedeutung Kirche hat, wie wir das Reich Gottes verstehen, wer wirklich gläubig ist und wie genau man Christ wird. Moralische Überzeugungen entwickeln sich, wir ordnen Menschen, politische Überzeugungen oder gesellschaftliche Trends bestimmten Kategorien zu und teilen die Welt ein in gut – böse, geistlich – ungeistlich, schwarz – weiß, biblisch – unbiblisch, gläubig – ungläubig.

Gleichzeitig erzeugt dieses Glaubenssystem zusammen mit vielen Bibelstellen und Verheißungen, die man im Lauf der Zeit kennenlernt, auch bestimmte Erwartungen: z. B. dass Gott unsere Gebete erhört, alle Kranken heilt, mir ein Leben in Wohlstand ermöglicht, einen Ehepartner für mich vorgesehen hat, mein Leben klar führen möchte, dass es in unseren Kirchen keine Konflikte geben sollte, die eigenen Kinder zum Glauben finden, die Ehe gelingt oder ich mit bestimmten Geistesgaben beschenkt werde.

Und so wird im Lauf der Jahre aus der anfänglichen, oft unreflektierten ersten Liebe und Begeisterung ein Glaubensleben mit klaren Überzeugungen und Erwartungen. Diese haben sich tausendfach verfestigt durch all die Predigten, die man gehört hat, Bücher, die man las, Konferenzen, die man besuchte oder Gespräche, die man innerhalb der eigenen christlichen Kreise führte. Dieses Glaubenssystem gibt Halt, Sicherheit, bildet einen Rahmen, in dem wir uns sicher bewegen können. Es schafft Identität und ermöglicht ein Zugehörigkeitsgefühl zu all den Menschen, die mit den gleichen Überzeugungen oder Erwartungen unterwegs sind.

Über viele Jahre wurde ich persönlich von der sogenannten »Wort-des-Glaubens-Bewegung« geprägt. Vertreter wie Kenneth Hagin oder Kenneth Copeland weckten in mir die Überzeugung, dass Gottes Segen auch in materiellem Wohlstand besteht. Zudem waren Krankenheilungen nur eine Proklamation weit entfernt. Und Gott wollte alle Kranken heilen, so sicher, wie er uns die Sünden vergeben möchte. Mein Gottesbild bewegte sich zwischen den beiden Polen Liebe und Zorn. Auch wenn Gott in Jesus eine besonders liebevolle Phase hatte, durfte man doch seinen Zorn, der im Alten Testament, in der Offenbarung und dann auch wieder in der Ewigkeit den Ungläubigen gegenüber deutlich zum Ausdruck kommt, nicht aus den Augen verlieren.

Natürlich war meine Erwartung, dass Gott meine Ehe und Familie segnet. Als Pastor hatte ich den Glauben, dass Gott meine Gemeinde segnet und sie wächst. Wenn ich in jenen Tagen auf einer Pastorenkonferenz war oder prophetisch begabten Menschen begegnete, hörte ich immer wieder die gleichen Prophetien über mir. Mir wurde zugesagt, dass ich einen Heilungsdienst entwickeln würde und Gott Zeichen und Wunder durch mein Leben vollbringen wollte. All diesen Zusagen habe ich Glauben geschenkt, und sie bildeten die Grundlage meines persönlichen Glaubenssystems und meiner geistlichen Identität.

Aber es kam ganz anders ...

Phase 3: Der harte Boden der Realität

Es dauert im Normalfall nicht lange, bis unsere Glaubensüberzeugungen die ersten Risse bekommen. Früher oder später landen viele Christen auf dem harten Boden der Realität. In dieser Phase stellen wir das, was wir uns erhofft haben, wovon wir überzeugt waren, was wir fest geglaubt und erwartet haben dem gegenüber, wie sich unser Leben entwickelt hat, wie es sich anfühlt und was wir mit diesem Glauben erlebt haben.

Schicksalsschläge, Brüche, Leiderfahrungen, Konflikte oder Enttäuschungen zwingen uns innerlich dazu, Geglaubtes mit dem Erlebten zu vergleichen. Obwohl sich diese Bilanz aufdrängt, ist eine gehörige Portion Mut und Ehrlichkeit nötig, diese Gegenüberstellung zuzulassen. Oft genug werden Zweifel und Fragen verdrängt, weil sie in unserem christlichen Umfeld keinen Platz haben, unser christliches Image beschädigen oder mit dem Etikett des Gefährlichen oder Ungeistlichen versehen sind.

So manche Überzeugung unseres Glaubenssystems erscheint uns auf einmal unlogisch, subjektiv oder hartherzig. Die Begegnung mit Christen aus anderen Konfessionen oder Kulturen macht uns bewusst, dass das Lesen der gleichen Bibel zu ganz anderen Schlussfolgerungen führen kann. Als würde man langsam erwachen, stellt man mehr und mehr fest, dass sich die Dinge nicht so entwickelt haben, wie man es gedacht hatte.

Trotz jahrelanger Gebete und Gottes Verheißungen hat man immer noch keinen Lebenspartner gefunden. Auch das Gebet um eine Arbeitsstelle wurde nicht erhört, die Eheprobleme haben sich verschlimmert und die Gesundheit nicht verbessert. Trotz christlicher Erziehung haben unsere Kinder nicht den erhofften Glaubensweg eingeschlagen. Man stellt fest, dass die Bibel nicht mehr zu einem spricht und hat zunehmend Schwierigkeiten mit bestimmten gewalttätigen Bibelversen oder moralischen Aussagen, die einen früher überhaupt nicht gestört hatten.

Wo ist Gottes Hilfe? Wo ist seine Gegenwart? Warum greift er nicht ein? Warum erlebe ich nicht mehr mit ihm? Warum habe ich noch so viele Probleme? Warum zeigt der Glaube nicht mehr Wirkung? Warum ist mir vieles am Glauben fremd geworden, was mir doch einmal so vertraut war?

Wer diesen Blick auf die Realität nicht verdrängt, sondern zulässt, der erlebt schnell dieses Gefühl der Skepsis Gott oder dem Glauben gegenüber. Wenn Glauben und Leben nicht mehr zusammenpassen, wenn man nicht wirklich erlebt, was man glaubt, dann macht sich unweigerlich Zweifel breit. Aus der ersten Begeisterung wird verstörende Ernüchterung. Das Ausbleiben bestimmter Glaubenserfahrungen oder das sich-nicht-Bewahrheiten bestimmter Verheißungen ist eine frustrierende Erfahrung. Wer das Auseinanderklaffen von Glauben und Leben realisiert, neigt erfahrungsgemäß zu zwei gegensätzlichen Schlussfolgerungen: Entweder stimmt mit Gott etwas nicht oder mit mir. Und weil Gott die Aura des Unantastbaren hat, landen wir meist bei der Selbstanklage. Wir schämen uns, wir haben ein schlechtes Gewissen und überlegen uns, was wir falsch gemacht haben.

Hilflose Reflexe: Zurück zur ersten Liebe

Je nach Umfeld, in dem ich mich bewege, kommt es dann zu einem ganz typischen Reflex: Ich muss zurück zur ersten Liebe. Die Diskrepanz zwischen Glauben und Leben wird dahingehend diagnostiziert, dass mit mir wohl etwas nicht stimmt. Die ausbleibenden Gebetserhörungen, die fehlende Gegenwart Gottes, die Schicksalsschläge sind dann Folgen eines lauen Glaubens, eines mangelhaften Gebetslebens, fehlender Stiller Zeit, dem Zulassen von Zweifeln oder nachlassender Leidenschaft und Hingabe. Diese Diagnose wird noch biblisch untermauert durch Verse wie

- Offenbarung 3,15–16: *„Ich kenne deine Werke, dass du weder kalt noch warm bist. Ach, dass du kalt oder warm wärest! Weil du aber lau bist und weder warm noch kalt, werde ich dich ausspeien aus meinem Munde.“* (LUT 2017) oder
- Offenbarung 2,4–5: *„Aber ich habe gegen dich, dass du deine erste Liebe verlassen hast. Denke nun daran, aus welcher Höhe du gefallen bist, und tue Buße und tue die ersten Werke! Wenn aber nicht, werde ich über dich kommen und deinen Leuchter wegstoßen von seiner Stätte – wenn du nicht Buße tust.“* (LUT 2017)

Damit ist der Therapieplan erstellt: zurück zur ersten Liebe, zu glühender und heißer Leidenschaft für den Glauben. Die Gemeinde, der Pastor, die Sprecherin auf der Konferenz oder der Seelsorger appellieren an unsere erste Liebe. Diese gilt es wiederzuentdecken, wieder zum Blühen zu bringen. Damit das gelingt, müssen in irgendeiner Weise die Skepsis und der Zweifel ignoriert oder zur Seite geschoben werden. Man zwingt sich wieder zur Stillen Zeit, tut Buße für die Lauheit, beschwört alte Zeiten oder sucht alte Orte der Leidenschaft auf, zeigt guten Willen und strengt sich an. Und eine gewisse Zeit lang mag das tatsächlich funktionieren.

Ich möchte nicht in Abrede stellen, dass es so etwas wie Lauheit gibt und dass Glaube einschlafen kann, ohne dass es dafür besondere Gründe gibt außer der menschlichen Bequemlichkeit. Doch oft genug hat sich gezeigt, dass der Therapieansatz: „zurück zur ersten Liebe" nur kurzfristig Symptome bekämpft, aber das Problem nicht an der Wurzel packt. Und so vergehen ein paar Wochen oder Monate, bis man feststellt, wieder bei der gleichen Ernüchterung wie zuvor gelandet zu sein. Die Realität unseres Lebens holt uns ein, und die Frustration kommt mit voller Wucht zurück.

Aus Ernüchterung wird Zynismus

Wer dieses Spiel lange genug mitmacht und versucht, seine Ernüchterung durch die Rückkehr zur ersten Liebe zu überwinden, der landet am Ende nicht nur auf dem frustrierenden Boden der Realität, sondern rutscht manchmal noch eine Stufe tiefer in abgeklärten Zynismus hinein, in beißende Ironie dem Glauben oder Gott gegenüber. Ich habe inzwischen viele Christen kennengelernt, die diesen Therapieversuchen gegenüber resistent geworden sind. Sie sind abgestumpft und haben sich damit abgefunden, dass ihr Leben und ihr Glaube einfach nicht zusammenpassen. Sie leben einen Glauben auf Sparflamme, gerade so stark, dass es noch in den Himmel reicht. Nicht selten entwickeln sie eine Art geistliche Allergie allem Frommen gegenüber. Man möchte sich all diesen Themen und auch diesen Appellen nicht mehr aussetzen. Es tut weh, es erinnert an die tiefe innere Verzweiflung und Frustration. Also sucht man die Distanz, stumpft ab und im schlimmsten Fall kommt es am Ende zur Dekonversion, dem gänzlichen Verlust des Glaubens.

Ich kann keine Schwangere mehr sehen

In meinem Leben nahm ich die über mir ausgesprochenen Prophetien sehr ernst. Ich vertiefte mich in all die Bibelstellen, die von Krankenheilungen sprechen, und strich jede Heilung in der Bibel farblich an. Da bekommt man eine bunte Bibel. Ich lernte die entsprechenden Verse auswendig, und es verging kaum ein Tag, wo ich nicht um die entsprechende Gabe und Fähigkeit betete. Ich schrieb im Studium meine Examensarbeit über das Leben von Kathryn Kuhlman, eine phänomenale Heilungsevangelistin aus den USA im 20. Jahrhundert. Ich gab meiner Tochter den Zweitnamen Kathryn und schrieb ein Buch über das übernatürliche Wirken des Heiligen Geistes.[5]

Und natürlich begann ich, für Kranke zu beten. Es wurde zu meinem Mantra, für alles zu beten, was noch Atem in sich hatte. Von einfachen Kopfschmerzen bis Krebs im Endstadium habe ich zusammen mit anderen alles Gott hingelegt und ihn um sein Eingreifen angefleht. Aber als ich nach zehn Jahren Bilanz zog, musste ich ernüchtert feststellen, dass ich persönlich noch nie eine nachweisbare Heilung oder ein Wunder erlebt hatte. Andere erzählten mir von Heilungen, an bestimmten Orten schienen sie an der Tagesordnung zu sein, aber kaum tauchte ich dort auf, war es offensichtlich mit den Heilungen zu Ende. Was großen Raum in meinem Glaubenssystem einnahm, war in meiner Realität nicht einmal im Ansatz vorhanden. Dazu kamen verstörende Erfahrungen mit sogenannten Heilungsevangelisten. Bei einer Großveranstaltung mit einem

5 Martin Benz, Wenn der Geist fällt. Das ungewöhnliche Wirken des Heiligen Geistes einst und jetzt, Ernst Franz Verlag 1995.

bekannten amerikanischen Heilungsevangelisten in Basel waren Kommilitonen von mir als Ordner und Helfer eingeteilt. Ihnen wurde aufgetragen, genau in dem Moment die Hallenlüftung einzuschalten, wenn der Evangelist den Heiligen Geist einlud. Einen anderen Heilungsevangelisten konnten wir sogar mit einer kleinen Gruppe von Freunden privat einladen. Dort erzählte er uns von einer sehr beeindruckenden Heilung, die er in einer anderen Gemeinde bei Karlsruhe erlebt hatte. Zufällig war das genau die Gemeinde, in der ich meine Jugendzeit verbracht hatte. Als ich einen der Ältesten aus der Gemeinde anrief und mich nach dieser Heilung erkundigte, stellte sich heraus, dass alles ganz anders war und die entsprechende Person überhaupt nicht geheilt wurde, sondern später am Abend ins Krankenhaus gebracht werden musste. Ich war geschockt von diesem Maß an dreister Unehrlichkeit.

Das Thema Heilung entwickelte sich für mich nicht nur zur frustrierenden Erfahrung, es fing an, weh zu tun. Ich fühlte mich wie eine Frau, die seit Jahren von Herzen schwanger werden wollte, alles versucht, jeden Therapieansatz probiert und nach jedem Strohhalm gegriffen hat und am Ende einfach nicht schwanger werden wollte. Am Ende war das Thema Schwangerschaft so schmerzhaft für sie, dass sie nicht einmal den Anblick einer Schwangeren oder einer Mutter mit Kinderwagen ertragen konnte.

Ich wollte irgendwann nicht mehr auf die üblichen Konferenzen gehen, bei denen die Kraft des Heiligen Geistes beschworen wurde und die Kranken zum Gebet nach vorne strömten. Es tat einfach zu weh. Es erinnerte mich an die frustrierende Diskrepanz zwischen meiner Realität und meinem Glauben, und ich musste Abstand nehmen. Ich musste wahrnehmen, dass ich offensichtlich trotz aller Bemühungen an dieser Wirklichkeit nichts ändern konnte. Die einzige Realität, die ich erlebte, war die Aussage eines Verses aus den Sprüchen: *„Endloses Hoffen macht das Herz krank…"* (Sprüche 13,12 HfA)

Und jetzt?

Phase 4: Glaubensveränderung

Für mich liegt der Umgang mit einem ernüchterten Glauben nicht in Durchhalteparolen, Appellen zur ersten Liebe zurückzukehren oder im Leugnen der eigenen Realität, sondern in der Veränderung und Weiterentwicklung des eigenen Glaubens.

Darf man das? Darf sich Glaube weiterentwickeln? Ist Gott nicht derselbe gestern, heute und in Ewigkeit? Was kann sich dann am Glauben verändern? Darf man ihn antasten? Haben Fragen und Zweifel Platz? Oder sind sie vielleicht sogar wichtige Instrumente, damit Glaube die Korrektur erleben kann, die er braucht? In diesem Buch geht es genau darum: meinen ernüchterten Glauben, meine Glaubensmüdigkeit unter die Lupe nehmen und herausfinden, was sich daran verändern muss, damit ich wieder neue Begeisterung entwickeln kann.

Wenn der Glaube sich entwickeln darf, wenn er wieder ganz nah an mein Leben und meine Realität herankommt und wieder an Relevanz und Bezug zu mir gewinnt, dann gewinnt er dadurch automatisch an Bedeutung. Er ist wieder sinnvoll, integriert Enttäuschungen, steht nicht dauernd im Widerspruch zu meinen Erfahrungen, sondern schenkt mir einen neuen und guten Deutungsrahmen für all meine Lebenserfahrungen. Glaube und Biografie finden wieder zusammen. Wenn sich Glaube entwickeln darf, wird das Christsein plötzlich zu einer Reise und ist nicht länger nur Standpunkt.

Er bekommt seine Lebendigkeit zurück und ist dynamisch, nicht nur statisch. Er hat wieder die Chance, mir zu antworten und mich nicht nur zum Schweigen zu verdammen. Ich habe in meinem Glaubensleben bisher mehrere solcher Entwicklungsschübe durchgemacht. In manchen stecke ich noch mittendrin und weitere warten sicherlich noch auf mich. Für mich hatten die wichtigsten mit der Veränderung meiner Haltung zur Bibel, meines Gottesbildes und auch meines Selbstbildes zu tun. Meine erste große Glaubensveränderung brauchte nicht weniger als eine Lebenskrise.

Glaubensveränderung durch das Zerbrechen meiner Ehe

Im Alter von 16 Jahren hatte ich mich bereits in eine andere Jugendliche aus unserem Jugendkreis verliebt. Und in meinem damaligen Eifer bestürmte ich Gott, mir dieses Mädchen als Ehefrau zu schenken. Ich suchte Gottes Reden und fand in meiner Stillen Zeit viele Hinweise, die ich nur als eine klare Bestätigung dieser Beziehung und Freundschaft verstehen konnte. So kam es, dass wir zwei Jahre später heirateten. Ich war damals gerade 18 und noch Schüler der 13. Klasse, kurz vor der Abiturprüfung. Meine Frau war ein Jahr älter. In den folgenden zwanzig Ehejahren bekamen wir drei Kinder und haben gemeinsam die Gemeinde in Basel aufgebaut. Ich war glücklich verheiratet, und wir pflegten unsere Ehe nach dem Leitgedanken: ein Ehe-Abend die Woche, ein Ehe-Tag im Monat und ein Ehe-Wochenende im Vierteljahr. Zudem versuchte ich, trotz der Verantwortung als Gemeindepastor, mindestens drei bis vier Abende in der Woche zu Hause zu sein, um Zeit für die Familie zu haben.

Und dann kam dieser Sonntag im Sommer 2006. Meine Frau und ich hatten gerade ein Ehe-Wochenende hinter uns, und am darauffolgenden Wochenende sollte ich in einer befreundeten Gemeinde predigen. Am Abend zuvor schlief meine Frau wie immer in meinem Arm ein, und am Morgen verabschiedete sie mich mit der Ankündigung, dass sie bis zu meiner Rückkehr einen Kuchen backen würde. Als ich gegen Mittag nach Hause kam, waren alle ausgeflogen; es stand auch kein Kuchen auf dem Tisch, sondern dort lag ein Brief. Darin offenbarte mir meine Frau, dass sie mich verlassen hätte und mit einem anderen Mann zusammengezogen sei. Die Kinder hatte sie mitgenommen in die neue gemeinsame Wohnung. Ich musste mich festhalten, so erschüttert war ich von diesen Zeilen. Ich hatte von alledem nichts geahnt, nicht das Geringste. Noch vor drei Stunden dachte ich, zu den glücklichsten Ehemännern zu gehören, und jetzt war meine Frau fort. Auch Freunde und Verwandte wussten nichts von dieser Entwicklung. Es war für alle der totale Schock. Ich konnte es nicht fassen und versuchte mit meiner Frau Kontakt aufzunehmen, aber Gespräche waren nicht möglich. Ich wusste nicht, wo sie hingezogen war und erhielt nur die bittere Zusicherung, dass sie nie mehr zurückkommen wolle. Unsere Teenager, die auf diesen Schritt ebenso wenig vorbereitet waren, entschlossen sich, ihren Wohnsitz in Zukunft täglich zwischen Mama und Papa zu wechseln. So wichtig war es ihnen, weiterhin bei beiden Eltern zu Hause zu sein. Im darauffolgenden Jahr vergoss ich alle Tränen, die ich hatte – weinte bis zur Erschöpfung. Um die Kinder nicht meiner Verzweiflung auszusetzen, hatte ich gleich damit begonnen, im Wald spazieren zu gehen. Dort hörte niemand mein Jammern und Klagen. Ich wollte um diese Ehe kämpfen und nichts unversucht lassen, meine Frau zurückzugewinnen. Meine Gebete waren eine verzweifelte Mischung aus Anklagen und Betteln. Gott musste sich meine Vorwürfe anhören, all das zugelassen zu haben, und mein Betteln um die Wiederherstellung unserer Ehe. Zum Glück war meine Bedürftigkeit viel zu groß, als dass mir in den Sinn gekommen wäre, Gott links liegen zu lassen. Ich brauchte ihn gerade so dringend. Ich war ein zutiefst zerbrochener und wunder Mensch.

Wer bin ich?

Meine Traurigkeit saß so tief, dass ich mir nicht vorstellen konnte, jemals wieder glücklich zu werden. Fragen und Zweifel tauchten auf, die mich ganz in Beschlag nahmen: Was geschieht mit meiner Berufung? Kann, will und darf ich noch Pastor sein, predigen und weiterhin an Gottes Reich mitbauen?

Wer bin ich, nachdem mir meine weiße Weste verloren gegangen ist? Einen großen Teil meiner geistlichen Autorität hatte ich aus meiner bisherigen Erfolgsgeschichte gezogen. So konnte ich ein Vorbild sein, hatte etwas zu sagen und mir Respekt verschafft. Und jetzt? Wer war ich? Was hatte ich noch zu sagen? Wer sollte mir noch zuhören oder folgen? Wie sollte ich mit dem Gefühl der Ohnmacht umgehen? Ich konnte einfach nichts tun, ich war vollkommen hilflos der Entscheidung meiner Frau ausgeliefert. Als notorischer Problemlöser und Macher war das eine neue und erschreckende Erfahrung. Und was für einen Sinn hatte es noch zu beten? Ich hatte die jahrelange Angewohnheit, bei meinen regelmäßigen Spaziergängen auch immer für unsere Ehe zu beten – um Gottes Segen und Bewahrung. Wenn solch ein intensives Beten am Ende nichts nützt, was für einen Sinn hat es dann noch, für die Familie, die Gemeinde, Menschen oder Situationen zu beten?

Und vor allem: Was hat das Ganze mit mir zu tun? Was habe ich falsch gemacht? Was hat meine Frau vertrieben? Was hat es ihr unmöglich gemacht, mit mir über all das zu sprechen, was ihr durch Kopf und Herz gegangen ist in den Wochen und Monaten vor ihrem fluchtartigen Verlassen unserer Ehe?

Für die meisten Pastoren, die solch einen Zerbruch ihrer Ehe erleben, stürzen alle Lebenssäulen auf einmal ein. In vielen Kirchen verschwinden sie in der Versenkung, verlieren neben ihrer Familie auch ihren Job und ihre Beziehungen in der Gemeinde. Meine damalige Gemeinde entschied sich, diesen

Weg nicht zu gehen. Ich durfte bleiben – als Pastor. Gleichzeitig legte man mir nahe, meine Verantwortung am Scheitern der Ehe gründlich anzuschauen und dazu seelsorgerliche Hilfe in Anspruch zu nehmen. Diese Entscheidung war ein Glücksfall! In den kommenden Jahren hatte ich unzählige Sitzungen bei einem erfahrenen Therapeuten, der mir half herauszufinden, welche Charakterzüge, Lebenslügen, Glaubenslügen und emotionale Unreife mitverantwortlich waren für die Entwicklung und das Scheitern unserer Ehe. Und die Gemeinde definierte hilfreiche Schritte für meine Wiederherstellung, stellte mir Menschen zur Seite, beschenkte mich trotz allem mit Würde und Verantwortung und gestaltete so einen heilsamen Prozess der Wiederherstellung. Natürlich gab es auch Verurteilungen, aber erfreulicherweise befand ich mich in einem Umfeld, in dem mir viel Barmherzigkeit entgegenkam. Und ihre heilsame Wirkung kann man gar nicht überschätzen.

Dieser Zerbruch und die Erfahrung von Barmherzigkeit haben meine geistliche Sicht auf dieses Thema grundlegend verändert. Bis zu diesem Zeitpunkt hatte ich wenig Wahrnehmung oder Mitgefühl für zerbrochene Menschen, für die Armen in unserer Gesellschaft oder für Lebensentwürfe, die nicht in meine Vorstellung biblischer Moral passten. Barmherzigkeit war für mich keine herausragende Eigenschaft Gottes. Mein Gottesbild war eher von Wahrheit und Gerechtigkeit geprägt.

Ich glaube, dass Kirche der barmherzigste Ort der Welt sein muss, das darf niemand besser können als wir.

Ich glaube heute, dass Kirche der barmherzigste Ort der Welt sein muss, das darf niemand besser können als wir. Es kann doch nicht sein, dass wir als Christen, wenn wir Zerbruch erleben, an dem wir vielleicht auch Schuld tragen, am Ende bei Arbeitskollegen, Sportfreunden oder den Eltern der Kindergartengruppe mehr Annahme, Verständnis und Ermutigung erleben als in der eigenen Kirche. Als zerbrochener Mensch habe ich die Bibel plötzlich mit anderen Augen gelesen. Überall sprang mir bei Jesus das Thema Barmherzigkeit, Erbarmen, Mitleid und Solidarität entgegen. Und zwar gerade mit jenen, die es scheinbar nicht verdient hatten und denen die Frommen und Religiösen regelmäßig ihre Ablehnung und Verachtung zu spüren gaben. Sollten wir nicht auch solche sein, die Gestrauchelten helfen, statt ihnen noch eins aufs Dach zu geben? Die Kirche müsste dafür bekannt sein, dass sie der beste und sicherste Ort für Gescheiterte, Zerbrochene und echte Sünder ist.

Ich lernte, dass man seine Berufung nicht verlieren kann. Sie ist unverdient und nicht die Folge meiner Anständigkeit. Gott beruft mich nicht wegen etwas an mir, sondern *trotz* etwas an mir. Und darum kann ich aussteigen aus der elenden Imagepflege, welche die Rechtmäßigkeit meiner Berufung unter Beweis stellen soll. Sonst baut man Mauern um sich und verschwindet hinter einer Maske. Neben der Barmherzigkeit habe ich auch die Ehrlichkeit als Kennzeichen des Glaubens entdeckt, denn was haben wir bei einem Gott zu verlieren, der uns schon maximal geliebt hat, als wir noch Sünder waren?[6] Ich bin froh, dass Gott nicht den Querschnitt meines Lebens nimmt, sondern den Längsschnitt. Gott hat mein ganzes Leben im Blick und bleibt nicht am Moment meines Scheiterns hängen. Diese Sicht auf das Leben möchte ich mir angewöhnen.

Frieden höher als mein Verstehen

Auf viele meiner damaligen Fragen, die ich in meiner Verzweiflung empfand, bekam ich keine Antworten. Und doch stellte

6 Römer 5,8: Gott aber beweist uns seine große Liebe gerade dadurch, dass Christus für uns starb, als wir noch Sünder waren. (HfA)

sich ein tiefer Friede in meinem Herzen ein. Es ist diese innere Gewissheit, dass mein Leben wirklich in Gottes Hand ist. Ich glaube, das meint Paulus, wenn er schreibt, dass der Friede Gottes, der höher ist als unser Verstehen, unsere Herzen und Gedanken erfüllen soll (Philipper 4,7). Für die meisten Menschen ist Friede die Folge von befriedigenden Antworten, die man gefunden hat. Aber es gibt einen Frieden, der ist nicht auf die Befriedigung unseres Verstehens angewiesen und doch ganz real. Ein Mentor sagte mir in dieser Zeit des Zerbruchs: „Gott kann aus Trümmern Paläste bauen!“ Diesen Satz würde ich am liebsten allen ins Herz schreiben. Das kann er wirklich. Der Gott, der aus dem Tohuwabohu[7] die Schönheit der Schöpfung hervorbringt, kann auch aus meinen Trümmern eine lebenswerte Zukunft bauen. Ich dachte damals, ich würde nie mehr glücklich werden. Doch ich bin es wieder. Ich durfte mich mit meiner ersten Frau nach einigen Jahren tief aussprechen, gemeinsam weinen und um Verzeihung bitten, sodass wir heute versöhnt und Freunde sind.

Gott hat mein ganzes Leben im Blick und bleibt nicht am Moment meines Scheiterns hängen.

Phase 5: Neue Leidenschaft

Diese eben beschriebene Glaubensveränderung hin zu einem barmherzigen Gottes- und einem veränderten Selbstbild, hat das Potenzial, in mir neue Leidenschaft zu wecken. Es ist kein Zurück zur ersten Liebe, das aus einem alten Glauben, der schon lange nicht mehr funktioniert, neue Begeisterung erzeugen soll. Es ist vielmehr das Erlebnis, dass ein veränderter Glaube neue Kraft und Relevanz entwickelt und dadurch wieder

7 Tohuwabohu ist das hebräische Wort in der Schöpfungserzählung für das anfängliche Durcheinander.

Freude bereitet und Begeisterung auslöst. Es ist die Entwicklung zu einem Glauben, der sich mit dem Leben versöhnt, statt in immer weitere Spannungen hineinzuführen.

Was geschieht wohl, wenn sich ein krankmachendes Gottesbild korrigiert, ein Bibelverständnis weiterentwickelt, Ehrlichkeit und Authentizität in meinem Glaubensleben Raum bekommen, wenn Glaube nicht nur deshalb funktioniert, weil vieles verdrängt wird und wenn auf dieser Basis neue Gotteserfahrungen möglich werden? Es entsteht Leidenschaft für diesen Glauben. Es wächst eine reife Liebe zu Gott.

Ich bin davon überzeugt, dass nur über den Weg der Glaubensveränderung neue Leidenschaft für Jesus entstehen kann. Im nächsten Kapitel schauen wir uns diesen Prozess der Glaubenserneuerung noch genauer an.

Glaubensentwicklung in wenigen Worten[8]

Unser Glaubensleben verändert sich. Es beginnt oft mit großer Leidenschaft und entwickelt geistliche Überzeugungen und Erwartungen. Über die Jahre stellen Christen fest, dass Leben und Glauben immer mehr auseinanderklaffen. Ernüchterung und Enttäuschung führen zu Glaubensmüdigkeit. Der Appell, zur ersten Liebe zurückzukehren, führt oftmals zu noch mehr Frustration. Deshalb sind Veränderung und Weiterentwicklung unseres Glaubens nötig, damit er wieder bedeutsam und relevant für das Leben wird. Dieser neuentdeckte Glauben führt auch zu neuer Leidenschaft.

8 Am Ende eines jeden Kapitels fasse ich die Kerngedanken noch einmal in wenigen Worten zusammen.

2. Geistlicher Umzug

Wenn der bisherige Glaube nicht mehr passt

Sie sind bestimmt schon einmal oder sogar mehrmals umgezogen. Erst war die Wohnung zu klein, dann war sie nicht gut genug ausgestattet, dann haben Sie den Job gewechselt und mussten an einen neuen Ort ziehen. Wenn alles in Ordnung ist, zieht niemand um, aber wenn es „klemmt“, dann ist ein Umzug völlig normal.

Wie ist das eigentlich beim Glauben? Wenn der „zu klein“ geworden ist, sich verändert hat oder einfach nicht mehr passt? Dann könnte es an der Zeit sein umzuziehen.

Im März 2019 zogen wir als Familie um (ich bin inzwischen erneut verheiratet und habe zwei weitere Kinder). Von der Schweizer Grenze in Süddeutschland nach Mittelfranken in Bayern. Bereits 1987 kam ich nach Basel, um dort Theologie zu studieren. Nach meinem Studium gründete ich die Vineyard-Gemeinde in Basel, die ich in den kommenden Jahren als Pastor leitete. Zum 25-jährigen Gemeindejubiläum stellte sich uns als Familie die Frage, wie unser Weg weitergehen würde. Ich könnte weitere 15 Jahre lang Pastor dieser Gemeinde sein, um dann nach 40 Jahren in Rente zu gehen. Von der Gemeinde aus stand dem nichts im Wege. Gleichzeitig wäre ich dann mein ganzes Leben lang nur in einer einzigen Gemeinde gewesen und hätte keine andere Gemeindeerfahrung als Leiter oder Pastor machen können. In einer anderen Gemeinde die bisherigen Erfahrungen fruchtbar werden zu lassen und gleichzeitig die eigene Lernkurve ansteigen zu lassen, hatte seinen Reiz. Nach Monaten des Überlegens, der Gespräche und Gebete fiel unsere Entscheidung: Wir wollten uns als Familie nochmals auf ein neues Abenteuer einlassen.

19 Jahre lebten wir in unserer Doppelhaushälfte, und in dieser Zeit hatte sich eine Menge Hausrat in den 150 Quadratmetern angesammelt. Wir hatten uns entschlossen, keine Umzugsfirma zu engagieren, sondern zwei 7,5-Tonner zu mieten, in die wir unseren gesamten Hausstand verfrachten wollten. Einen wollte ich fahren, den anderen meine Frau. Bereits Monate vor dem Umzug hatten wir begonnen, diesen Umzug zu planen. Drei Fragen wurden in der Vorbereitung besonders wichtig:

1. Was wollen wir mitnehmen?
2. Was wollen wir wegwerfen oder entsorgen?
3. Was müssen wir uns für den neuen Wohnort anschaffen oder kaufen?

Mitnehmen

Wir haben das mitgenommen, was sich wirklich bewährt hat, was nützlich und brauchbar war, mit dem wir kostbare Erinnerungen verbunden haben und auf das wir nicht verzichten wollten.

Entsorgen

Wir haben das entsorgt, was so gut wie nie in Gebrauch war und sich zum Ballast entwickelt hat. Manches hatte sich verbraucht, war abgenutzt oder hat schon lange nicht mehr funktioniert. Es macht keinen Sinn, solche Dinge in den Umzugslaster zu laden. Sie gehören auf den Recyclinghof.

Neu anschaffen

Die neue Wohnsituation erforderte Neuanschaffungen. Es gab ein Zimmer mehr, wir brauchten eine neue Matratze sowie ein weiteres Kinderbett. Die alte Küche hatte auch nicht in das neue Haus gepasst, insofern war auch das eine gehörige Neuanschaffung.

Wenn das Glaubensgebäude nicht mehr passt

Was ich in Bezug auf einen tatsächlichen Umzug durch einen Wohnungswechsel beschrieben habe, ist für mich ein passendes Bild für das, was ich unter einem geistlichen Umzug verstehe. Wie bereits im vorigen Kapitel dargestellt, erleben Christen, dass der Glaube, der viele Jahre für sie Heimat und Halt bedeutet hat, irgendwie nicht mehr passt. Zu viele Unstimmigkeiten sind aufgetreten, zu viel Diskrepanzen zwischen dem, was man glauben soll, und dem, was das Leben an Erfahrungen, Ungereimtheiten oder Brüchen mit sich gebracht hat.

Betroffen stellt man irgendwann fest, dass man sich im eigenen Glaubensgebäude nicht mehr zu Hause fühlt. Erschrocken nimmt man wahr, dass so manche Überzeugung die Seele eher krank macht, als zur Freiheit beizutragen. Und man gesteht sich ein, dass bestimmte „Glaubenstechniken" eigentlich noch nie funktioniert haben. Aber es ist nicht nur so, dass man sich im eigenen Glaubensgebäude nicht mehr zu Hause fühlt, man hat auch kein Interesse, irgendjemanden zu sich „nach Hause" einzuladen. Kein Wunder, dass man von diesem Glauben nicht weitererzählt, schwärmt oder dazu einlädt, wenn man ihn selbst nicht als passend, praktikabel, befreiend oder relevant erlebt. Evangelisation gleicht dann der erzwungenen Einladung in eine Wohnung, deren Charme und Wohnlichkeit gegen null geht.

> **Evangelisation gleicht oft der erzwungenen Einladung in eine Wohnung, deren Charme und Wohnlichkeit gegen null geht.**

In meinen Gesprächen mit vielen Christen und in den Rückmeldungen auf meinen Podcast tauchen immer wieder ähnliche Themen auf, die zu dieser Entfremdung dem eigenen Glauben gegenüber geführt haben. Einige davon seien im Folgenden genannt:

- Probleme mit dem Gottesbild,
- Probleme mit dem Bibelverständnis,
- Probleme mit moralischen, besonders sexualethischen Vorstellungen,
- Probleme mit Heuchelei und Unehrlichkeit in christlichen Kreisen,
- Probleme mit mangelnder Barmherzigkeit und Lieblosigkeit,
- Probleme mit dem Wahrheitsverständnis,
- Probleme mit einem bestimmten Verständnis von Kreuz, Erlösung und Verdammnis,
- Probleme mit gewalttätigen Bibelstellen,
- Probleme mit der Aufteilung der Welt in drinnen und draußen, Christen und Gottlose,
- Probleme mit einseitigen Formen von Spiritualität und Jüngerschaft.

Im weiteren Verlauf dieses Buches möchte ich zu einigen dieser Themen Lösungsansätze aufzeigen. Könnte Gott anders sein, als es mir mein klassisches Gottesbild diktiert?

Gibt es andere Wege, die Bibel zu lesen und zu verstehen, als ein fundamentalistisches Bibelverständnis?

Gibt es neue Ansätze, aus Bibelversen nicht nur einzelne moralische Anweisungen abzuleiten, sondern eine übergeordnete Ethik zu entwickeln?

Können wir ein neues Verständnis von Wahrheit gewinnen, sodass wir nicht ständig die Liebe und Barmherzigkeit auf dem Altar der Richtigkeit opfern müssen?

Wie schaffen wir es, dass wir ehrlich glauben dürfen, und es uns nicht ständig in zwei Versionen gibt?

Können wir das Geschehen am Kreuz auch noch anders deuten als eine Genugtuung für einen zornigen Gott?

Ich hoffe sehr, dass dieses Buch für Neuanschaffungen sorgt im Sinne von Neuentdeckungen. Für Aha-Erlebnisse.

Auch mich treiben diese Fragen um. Ich stelle mich ihnen seit vielen Jahren. Ich wollte nicht länger einfach schlucken, was es zu glauben gilt. Ich wollte Widersprüche, auf die ich gestoßen bin, nicht mehr unter den Teppich kehren. Ich wollte nicht aufgeben, um einen Glauben zu ringen, der sinnvoll ist, in dem ich mich zu Hause und geborgen fühle, der wieder das Potenzial hat, mich zu tragen und zu dem ich gerne einlade.

Im Laufe dieses geistlichen Umzugs habe ich für mich entschieden, welche Glaubensüberzeugungen und auch Glaubenspraktiken ich entsorgen muss. Sie haben sich für mich nicht bewährt, sie haben eigentlich nie funktioniert. Manche davon hatten das Potenzial, krank zu machen, es enger werden zu lassen in meinem Herzen oder eine gewisse Verschrobenheit zu fördern. Manche Erwartungen oder Überzeugungen hatten sich entwickelt, die dem Leben nicht standhalten konnten. Auch hier musste etwas verändert werden, um nicht langfristig daran zu verzweifeln.

Gleichzeitig führte diese Reflexion dazu, Teile meines „alten" Glaubens ganz neu wertzuschätzen. Überzeugungen und Haltungen, die sich bewährt haben, die klug und gesund sind, die mein Leben reich machen und mich nachhaltig zum Guten verändern. Sie möchte ich auf meiner Glaubensreise mitnehmen. Sie kommen in den Lkw.

Über die Jahre habe ich mir zudem manches an Überzeugungen und Theologie neu angeeignet. Vieles davon war mir zuvor fremd oder gänzlich unbekannt. Inspirierende Menschen, ihre Bücher, Predigten oder Gespräche mit ihnen haben meine Neugier geweckt, eine neue Offenheit ermöglicht und für Neuentdeckungen gesorgt. Und es gab bewegende Begegnungen mit Menschen, durch die Entscheidendes anders wurde. Obwohl ich diese Menschen, ohne mit der Wimper zu zucken, verurteilt hatte oder ihren Lebensstil ablehnte, sind solche geistlichen Vorurteile angesichts dieser Begegnungen in sich zusammengebrochen. Liebe, Annahme und Verständnis wurden möglich, wo vorher Intoleranz und Ausgrenzung herrschte.

Mitnehmen, entsorgen, neu anschaffen.

Neubaugebiet

Ein Umzug hat aber noch weitere Konsequenzen. Er bringt es manchmal mit sich, dass ich mein vertrautes Viertel oder meine Stadt verlassen muss.

Wenn ich im Bild der Wohnung oder des Hauses bleibe, dann gehört zu jedem Haus auch ein Wohngebiet. Jedes Haus befindet sich in einem bestimmten Viertel: in der Altstadt, im Arbeiterviertel oder in der Hafensiedlung. Wenn ich geistlich umziehe, finde ich nicht nur ein neues geistliches Zuhause mit neuen Überzeugungen, einer neuen Theologie und einer neuen Praxis – ganz oft verlasse ich auch mein bisheriges Viertel. Mein neues geistliches Haus passt nicht länger in mein altes Viertel. Dort sind sich die Häuser ähnlich, die Architektur ist gleich, die Bausubstanz dieselbe. Mein Umzug ist auch ein Wegzug aus diesem Viertel. Ich packe meine Koffer aus diesem Viertel.

Glaubensveränderung stößt manchmal auf Widerstände in den eigenen Reihen. Die neuen Ansätze, die veränderten Überzeugungen oder die andere Praxis befremden oder fühlen sich bedrohlich an. Es zeichnet sich ab, dass der geistliche Umzug auch bedeuten kann, ein bestimmtes frommes Umfeld, ein geistliches Milieu, eine Tradition oder Gemeindebewegung hinter sich zu lassen. Mein neues Glaubensgebäude braucht auch ein neues Viertel.

Ich persönlich habe meine Koffer gepackt aus den konservativ-evangelikalen oder fundamentalistischen[9] Denkmustern, in denen ich viele Jahre zu Hause war. Es wurde mir zu eng in der Altstadt. Aber Kofferpacken bedeutet auch, etwas einzupacken und mitzunehmen. Vieles dort ist kostbar und ist es wert, bewahrt und gepflegt zu werden. Aber mein Haus passt nicht mehr in die Altstadt. Als ich vor vielen Jahren anfing umzuziehen, landete ich gewissermaßen im Neubaugebiet. Da gab es nicht viele Nachbarn. Wenige weitere Gebäude. Kaum Infrastruktur. Ich fühlte mich als Pionier, als Entdecker, als Abenteurer. In den letzten Jahren habe ich aber wahrgenommen, wie hier ein neues Viertel entsteht, wie immer mehr Menschen zuziehen und die Neuentdeckungen und Neuanschaffungen teilen. Ich meine damit nicht, dass alle ihre Gemeinden verlassen und austreten sollten. In keinster Weise! Aber viele werden wahrnehmen, dass sie nicht mehr dazu passen, dass sie in bestimmte Kreise nicht mehr hineingehören und fremd geworden sind.

Gleichzeitig rate ich dringend davon ab, zum Einsiedler zu werden und sein neues geistliches Haus irgendwo in der Pampa aufzurichten. Gerade in Veränderungsprozessen brauchen wir Menschen an unserer Seite, die uns spiegeln können, was in uns vor sich geht, und wo wir in der Gefahr stehen, das Kind mit dem Bad auszuschütten. In diesem Umzugsprozess ist Kor-

---

9 Es gibt keine klare Definition, was mit konservativ-evangelikal oder fundamentalistisch gemeint ist. Diese Begriffe triggern bei jedem etwas anderes. Ich möchte damit auch keine Gemeinde oder Bewegung diskreditieren. Es geht mir auch nicht um das Verlassen einer einzelnen Gemeinde oder Denomination, in denen sich so viele wundervolle Christen befinden. Es geht mir um das Verlassen eines Denkmusters, das eben auf Dauer zu dieser Glaubensermüdung und inneren Spannungen führen kann.

rektur nötig, damit wir nicht über das Ziel hinausschießen, zu vieles entsorgen oder am Ende ganz viel Unbrauchbares neu anschaffen.

Geistlicher Umzug in wenigen Worten

Damit Glaube sich verändert, muss er sich weiterentwickeln. Manchmal fühlt sich der eigene Glaube wie eine Wohnung an, in der man sich nicht mehr zu Hause fühlt, und in die man niemanden mehr einladen möchte. Wie bei einem normalen Umzug muss sich auch der Glaube die Fragen stellen: Welche Inhalte, welche Praxis und welche Überzeugungen möchte ich bewahren und mit in die Zukunft nehmen? Welche muss ich entsorgen, weil sie sich nicht bewährt haben oder in krankmachender Spannung zu meiner Lebensrealität stehen? Und welche sollte ich mir neu aneignen, damit der Glaube an Perspektive, Freiheit und Möglichkeiten gewinnt?

Teil 2 Glaubensveränderung

Im zweiten Teil des Buches geht es darum, einzelne Themenbereiche des christlichen Glaubens ins Visier zu nehmen und der Frage nachzugehen, inwieweit sich Glaubensüberzeugungen weiterentwickeln und verändern können. Gibt es alternative Sichtweisen zum traditionellen Gottesbild, zu moralischen Fragen, zum Bibelverständnis oder anderen Themen, an denen Glaube so oft verzweifelt?

Die folgenden Ausführungen stellen meine persönlichen Überzeugungen dar. Bestimmt denken viele ähnlich wie ich, aber ich habe mir das Recht genommen, vor allem persönliche Gedanken und Überzeugungen zu Papier zu bringen. Ich schildere, was in mir selbst gewachsen ist. Ich erhebe keinerlei Anspruch auf Richtigkeit oder Vollständigkeit. Man kann und darf bei all diesen Themen auch zu ganz anderen Schlüssen kommen. Die Weiterentwicklung einzelner Themen oder das Formulieren neuer Überzeugungen war für mich selbst jedoch wie eine Brise frische Luft. Als hätte jemand das Fenster aufgestoßen, entstand plötzlich die Möglichkeit, Angestaubtes in einem neuen Licht zu sehen und sich von belastenden und krank machenden Sichtweisen zu trennen.

Diese Glaubensveränderung hat mich nicht träge oder lau gemacht, sie hat im Gegenteil neue Leidenschaft und Energie freigesetzt. Und sie hat mich so begeistert und befreit, dass ich andere an dieser Entwicklung teilhaben lassen wollte. Daraus ist vor einigen Jahren mein „Movecast“ entstanden, ein Podcast, der diese Idee des Umzugshelfers über alle Episoden hinweg entfaltet. Dieser Podcast stellt auch die Grundlage der folgenden Kapitel dar.

3. Bibelverständnis

Warum ein neues Bibelverständnis Glaubensveränderung erst möglich macht

Dieses Kapitel ist das längste und ausführlichste im Buch. Und das hat seinen guten Grund: Fast alle weiteren Themen haben als Grundlage ein verändertes Bibelverständnis. Viele Glaubensüberzeugungen können sich nicht weiterentwickeln und stecken in der Sackgasse, weil das dahinterstehende Bibelverständnis solche Weiterentwicklungen von vornherein ausschließt. Um über bestimmte geistliche Themen anders denken zu können, müsste man auch bestimmte Bibelstellen anders verstehen dürfen. Aber das Bibelverständnis in vielen christlichen Kreisen impliziert eine ganz bestimmte Auslegung einzelner Bibelverse. Und diese *eine* gültige Auslegung von Bibelstellen zementiert dadurch auch die *eine* Sichtweise. Ende der Diskussion!

In der theologischen Wissenschaft nennt man Bibelverständnis auch Hermeneutik. Hermeneutik ist die Wissenschaft vom Verstehen biblischer Texte. Sie stellt die Grundlage für die Exegese dar, die Auslegung eines biblischen Textes. Hermeneutik ist der Exegese übergeordnet. Hermeneutik legt die Grundlagen für die Exegese. Hermeneutik liefert die Prinzipien, anhand derer ich die Bibel auslege. Würde eine Hermeneutik zum Beispiel behaupten, alle Texte in der Bibel seien reine Mythen,

Märchen und Sagen, dann würde man daraufhin diese Texte anders auslegen, als wenn eine Hermeneutik behaupten würde, alle Texte in der Bibel seien naturwissenschaftliche und historische Tatsachen.

Vielen Christen ist nicht bewusst, dass es nicht nur eine einzige Hermeneutik gibt, nicht nur ein einziges Bibelverständnis. Das Bibelverständnis hat sich im Laufe der Bibel selbst und auch in der Theologiegeschichte gewandelt und weiterentwickelt. Aktuell gibt es in der Theologie unterschiedliche Ansätze zum Bibelverständnis. Ihre Unterschiedlichkeit lässt die Bibel in vielfältiger Weise zu uns sprechen und eröffnet einen sehr breiten Horizont. Verschiedene hermeneutische Ansätze können sich ergänzen und bereichern. Problematisch wird es dann, wenn ein hermeneutischer Ansatz für sich in Anspruch nimmt, der einzig richtige zu sein. Man trägt gewissermaßen den einzig wahren Schlüssel in Händen, und nur mit diesem Schlüssel kann man die biblischen Texte in ihrer eigentlichen Bedeutung erschließen. Dieser eine hermeneutische Ansatz wird dann schnell mit der Wahrheit gleichgesetzt. Mit dieser Hermeneutik ist man wahrhaftig bibeltreu. Erkenntnisse, zu denen man über diese Hermeneutik gelangt, entsprechen dann der Wahrheit. Jede andere Hermeneutik kann zwangsläufig nur zum Irrtum führen. Zugehörigkeit zu den wirklich „Gläubigen" wird nicht nur an der Beziehung zu Jesus Christus festgemacht, sondern auch an der Zustimmung zu diesem einen hermeneutischen Ansatz. Christliche Kreise oder Traditionen, die von dieser allein gültigen Hermeneutik ausgehen, würde ich als fundamentalistisch bezeichnen.

Auf den kommenden Seiten möchte ich für ein Bibelverständnis werben, das die Möglichkeit eröffnet, biblische Texte zutiefst ernst zu nehmen und doch Spielraum in der Auslegung dieser Texte zulässt. Ich zitiere dabei einige Bibelverse.

Und obwohl ich selbst die Angewohnheit habe, in Büchern die zitierten Bibelverse zu überlesen, lohnt es sich in diesem Kapitel, die Bibelverse tatsächlich durchzulesen. Manches von dem, was ich in diesem Kapitel entwickle, ist nur sinnvoll, wenn man die Bibelverse dazu tatsächlich liest.

A. Was ist eigentlich „bibeltreu"?

Die Bibel ernst oder wörtlich nehmen?

Einige Jahre nach meiner Scheidung lernte ich meine heutige Frau Nina kennen. Nina und ich verliebten uns ineinander, aber ich war ein geschiedener Mann. Als unsere Beziehung intensiver wurde und wir überlegten zu heiraten, bekam sie Post von einer besorgten Freundin. In ihrem Brief zitierte diese Matthäus 5,32: *„Ich aber sage euch: Jeder, der sich von seiner Frau trennt – es sei denn, sie ist ihm sexuell untreu geworden –, treibt sie in den Ehebruch. Und wer eine geschiedene Frau heiratet, begeht auch Ehebruch."* (NEÜ). Im weiteren Verlauf des Briefes versuchte diese Freundin Nina klarzumachen, dass sie gerade dabei war, einen schweren Fehler zu begehen. Einen Geschiedenen zu heiraten war in ihren Augen Ehebruch. So stand es zumindest klar in diesem Vers. Und weil sie sich an die Bibel halten wollte und sich als bibeltreu verstand, sah sie sich verpflichtet, Nina vor diesem Fehltritt zu warnen.

Das war bestimmt gut gemeint von dieser Freundin. Sie wollte Nina davon überzeugen, dass ein solcher Schritt Sünde war und sicher nicht unter dem Segen Gottes stand. Anhand dieses Briefes wird deutlich, welches Bibelverständnis diese Freundin hatte. Für sie war die Bibel Gottes gültiges Wort, und sie nahm diesen Vers aus Matthäus 5 wortwörtlich. Die buchstäbliche Anwendung dieses Verses war für sie Ausdruck ihrer

Treue zur Bibel. Ja, das kann man so machen. Bibeltreue kann sich darin ausdrücken, dass man die Bibel wörtlich nimmt. Aber ist es immer so einfach?

In Matthäus 5,32 wird ein Mann angesprochen. Ein Mann, der eine geschiedene Frau heiratet, begeht Ehebruch. Im Fall von Nina war es nun aber eine Frau, die einen geschiedenen Mann heiraten wollte. Davon steht in diesem Vers nichts. Es ist nur die Heirat mit einer geschiedenen Frau verboten. Wenn man die Bibel wörtlich nimmt, wären bei diesem Vers Frauen, die einen geschiedenen Mann heiraten wollten, aus dem Schneider.

Mit welcher Begründung dreht die Freundin die Personen in diesem Vers einfach um? Ist das legitim? Ist das bibeltreu? Und wenn ja, welches Bibelverständnis steckt dahinter? Nach welchen Kriterien darf man so mit diesem Vers verfahren?

Es wird aber noch komplizierter: Nur drei Verse zuvor, im selben Abschnitt, in derselben Rede sagt Jesus: *„Wenn dich also dein rechtes Auge zur Sünde verführt, dann reiß es heraus und wirf es weg! Besser, du verlierst eins deiner Glieder, als dass du unversehrt in die Hölle geworfen wirst. Und wenn dich deine rechte Hand zum Bösen verführt, so hack sie ab und wirf sie weg! Es ist besser, verstümmelt zu sein, als unversehrt in die Hölle zu kommen."* (Matthäus 5,29–30 HfA).

Nimmt die Freundin diese Verse auch wörtlich? Erstreckt sich ihre Bibeltreue auch auf diese Verse? Die Tatsache, dass sie Nina einen handgeschriebenen Brief sandte, macht zumindest deutlich, dass sie noch im Besitz ihrer rechten Hand ist (es sei denn, sie ist Linkshänderin). Warum folgte sie im Glaubensgehorsam dieser Bibelstelle gegenüber nicht Jesu Anweisung zur Selbstverstümmelung? Warum meldete sie sich nicht zur Enukleation[10] im Krankenhaus an, nachdem sie immer wieder

10 Operative Entfernung des Auges.

neiderfüllt und missgünstig auf die sexy Figur ihrer Nachbarin herabschaute? Offensichtlich ist allen Bibellesern klar, dass wir diese Verse nicht wörtlich nehmen sollten und Jesus hier nicht zur Selbstverstümmelung als Schutz vor Sünde rät. Besonders beim Auge wird deutlich, dass das Herausreißen des einen Auges nicht vor Sünde bewahren würde, denn man hätte ja immer noch das andere. Aber hier wird bereits deutlich, dass von dieser Freundin verschiedene Auslegungskriterien für verschiedene Verse angewendet wurden.

Das Problem ist nur, dass in der Bibel die entsprechenden Fußnoten fehlen, die ein für alle Mal klären, wie ein Vers ausgelegt werden sollte. Wie schön wäre es, wenn jeder Vers oder Bibelabschnitt mit einer göttlichen Erklärung ausgestattet wäre, die uns sagen würde: Das hier wörtlich nehmen; jenes ist bildlich gemeint; das muss historisch oder naturwissenschaftlich verstanden werden; dieser Vers ist zeitbedingt; jener Vers zeitlos gültig; dieser Vers gilt nur der darin erwähnten Person; jener Vers gilt trotz der darin erwähnten Person allen Menschen; diesen Vers zählen wir zum biblischen Kanon, weil er durch viele griechische Handschriften gut belegt ist; jenen Abschnitt setzen wir in Klammern, und rechnen ihn nicht zum biblischen Kanon, weil er in entscheidenden biblischen Handschriften fehlt, usw.

Das Problem ist nur, dass in der Bibel die entsprechenden Fußnoten fehlen, die ein für alle Mal klären, wie ein Vers ausgelegt werden sollte.

Selektive Bibeltreue

Gibt es in diesem Sinne überhaupt Bibeltreue? Sind wir nicht alle nur unserem Modell von Bibelauslegung treu? Jeder Bibelleser muss aufgrund der fehlenden göttlichen Fußnoten ständig selbst die Entscheidung treffen, wie er die Bibel liest bzw. auslegt und versteht. Und wer sich diese Mühe nicht macht, übernimmt einfach die Kriterien oder das Auslegungsmodell seiner Kirche, seines Pastors, seiner Eltern oder der theologischen Richtung, der man sich zuordnet. Am Ende ist niemand der eigentlichen Bibel gegenüber treu, sondern immer nur seinem *Verständnis* ihr gegenüber.

Immer wieder sagen mir Christen: „Ich bin bibeltreu!", „Ich sage nur, was die Bibel sagt!" und meinen damit, dass sie sich schlicht und einfach an die Bibel halten und sie wörtlich nehmen. Keinesfalls wollen sie irgendetwas in der Bibel abschwächen, sondern allem gegenüber gehorsam sein. Liberaleren Christen wird vorgeworfen die Bibel nicht ernst zu nehmen, weil sie nicht alles wörtlich nehmen. Sie beklagen eine „pick and choose"-Mentalität, bei der man sich aussucht, welchen Vers man wörtlich nimmt, welchen man für gültig hält und nach welchen Versen man sich nicht mehr richtet. Dieses Rosinenpicken in der Bibel sei unzulässig und habe nichts mit Bibeltreue zu tun. Aber diese Kritik übersieht, dass selbst der Bibeltreuste der Bibeltreuen nach genau dieser „pick and choose"-Methode verfährt. Auch er trifft eine Auswahl an Bibelstellen, denen gegenüber er treu ist und lässt andere geflissentlich beiseite. Denn auch er spürt, dass deren Befolgung vollkommen absurd wäre. Es gibt keine objektive, sondern immer nur selektive Bibeltreue. Alle sind nur ihrer subjektiven Auswahl an Bibelstellen treu, wohingegen sie andere Bibelstellen nicht einmal auf dem Schirm haben.

Es gibt keine objektive, sondern immer nur selektive Bibeltreue.

Eigentlich gibt es nur zwei Möglichkeiten:

1. Die Bibel wird wörtlich so verstanden und praktiziert, wie wir sie vorfinden. Wir enthalten uns jeder eigenen Interpretation, Deutung und Gewichtung einzelner Aussagen und Gebote. Dieser hermeneutische Ansatz bewahrt davor, ein-

zelne Textpassagen weniger ernst zu nehmen, subjektiv zu gewichten oder als zeitbedingt abzutun. Vom ersten bis zum letzten Satz ist alles von gleicher Bedeutung: Es ist gültiges, irrtumsloses Wort Gottes.

2. Oder die Aussagen der Bibel müssen von Menschen interpretiert, gedeutet, gewichtet und in ihrem geschichtlichen Kontext gesehen werden. Die Bibel ist Wort Gottes, das aber in die Verantwortung der Menschen gegeben ist, die nun ihrem Gott und ihrem Gewissen gegenüber dieses Wort gewichten und interpretieren.

In der Realität und der Geschichte der Kirche konnte der erste Ansatz jedoch nicht konsequent umgesetzt werden. Bereits die Zusammenstellung des biblischen Kanons (also der Bücher oder Briefe, die am Ende tatsächlich in der Bibel landeten), unterlag der Deutung und Gewichtung durch Menschen. Die Bibel ist in ihrer heutigen Form nicht vom Himmel gefallen. Einzelne Bücher wurden aufgenommen, andere jedoch abgelehnt. Noch heute verfügen Protestanten und Katholiken über einen unterschiedlichen biblischen Kanon. So finden sich im Alten Testament der Protestanten 39 Bücher, wohingegen es bei den Katholiken 46 sind.

Man nimmt die Bibel eben gerade nicht ernst, wenn man versucht, alles in ihr wörtlich zu nehmen.

Ich möchte die Bibel um jeden Preis ernst nehmen. Aber ernst nehmen ist überhaupt nicht dasselbe wie wörtlich nehmen. Man nimmt die Bibel eben gerade nicht ernst, wenn man versucht, alles in ihr wörtlich zu nehmen.

„Ich glaube einfach, was die Bibel sagt“

Eine kleine Auswahl an Bibelstellen oder Texten soll deutlich machen, dass auch die bibeltreuesten Fundamentalisten nicht wirklich glauben, was sie von sich selbst behaupten. Auch sie können am Ende nicht alle Texte wörtlich nehmen und brauchen (subjektive) Auslegungskriterien, um mit bestimmten Bibelstellen klarzukommen. Der Ansatz: „Ich glaube einfach, was die Bibel sagt", wird anhand der folgenden Beispiele seiner Inkonsequenz entlarvt.

Kreist die Sonne um die Erde?

Josua 10,12–14 (GNB): *„Damals, als der Herr die Amoriter den Israeliten auslieferte, betete Josua zum Herrn und rief vor ganz Israel: „Sonne, steh still über Gibeon, du, Mond, überm Tal von Ajalon!" Und die Sonne stand still, auch der Mond blieb stehn; Israels Feinde mussten untergehn. Diese Verse stehen im Buch der Heldenlieder. Fast einen Tag lang blieb die Sonne hoch am Himmel stehen und bewegte sich nicht von der Stelle. Weder vorher noch nachher hat der Herr jemals auf das Gebet eines Menschen hin so etwas getan. Der Herr selbst kämpfte auf der Seite Israels."*

In dieser Stelle steht wörtlich, dass die Sonne sich am Himmel bewegt und durch das Gebet eines Menschen von Gott zum Stillstand gezwungen wurde. Diese Verse sind einer der Gründe, warum für viele Jahrhunderte die Menschheit ein geozentrisches Weltbild hatte. Lange Zeit gab es für Juden oder Christen keinen Grund, an diesem Text als astronomischer Aussage zu zweifeln, denn er spiegelte wider, was dem damaligen antiken Weltbild entsprach. Wenn in der Bibel stand, dass sich die Sonne um die Erde bewegte, dann war das Grund genug ein Weltbild bestätigt zu sehen, in dessen Zentrum die Erde steht. Mit der Erforschung des Weltalls, entsprechenden Teleskopen und zuletzt auch der Raumfahrt ist allen Menschen klar geworden, dass wir in einer heliozentrischen Welt leben. Nimmt man diese Verse im Josuabuch wörtlich oder versteht sie als naturwissenschaftlich-astronomische Aussage, dann sind sie eindeutig falsch. Wörtlich verstanden täuscht sich die Bibel hier. Offensichtlich muss man diesen Text anders verstehen und auslegen. Die wörtliche Auslegung wird ihm nicht gerecht.

Ruht die Erde auf Säulen?

Hiob 9,6 (GNB): *„Gott stößt die Erde an und sie erbebt; die Pfeiler, die sie tragen, lässt er schwanken."* (Ganz ähnlich Hiob 26,7–11)

Dieser und andere Verse aus dem Buch Hiob repräsentieren eine weitere antike Weltvorstellung: Die Erde ist eine flache Scheibe, die auf Pfeilern oder Säulen ruht. Die Erde konnte in einer antiken Welt eben nicht anders gedacht werden. Besonders die Kirche im Mittelalter tat sich unendlich schwer, sich von dieser Vorstellung zu trennen und Erkenntnisse von Galileo Galilei oder Kopernikus anzuerkennen. Auch hier ist es nicht möglich, diese Verse einfach wörtlich zu nehmen, sondern es sind Auslegungskriterien nötig, wie stattdessen mit solch einem Text umgegangen werden muss.

Dürfen Tomaten und Karotten ins Hochbeet?

Christen befolgen beflissentlich die Aufforderung des Moses in Levitikus 19,18: *„Du sollst deinen Nächsten lieben wie dich selbst"*. Aber bei Vers 19 wird es dann schon problematischer: *„Haltet euch an das, was ich euch sage. Kreuzt nicht verschiedene Arten eures Viehs miteinander; besät eure Felder nicht mit zweierlei Saatgut; tragt keine Kleidung aus Mischgewebe!"* (HfA). Welcher Christ hat in seinem Hochbeet nicht gleichzeitig Tomaten und Karotten? Und wer kann von sich behaupten, kein Mischgewebe am Leib zu tragen?

Warum also halten wir uns ausdrücklich an Vers 18, messen Vers 19 aber keinerlei Bedeutung für unsere Lebensführung zu?

Dürfen Frauen keine Hosen tragen?

In meiner ersten Gemeinde, die ich als Teenager besuchte und die sich für besonders bibeltreu hielt, passierte es regelmäßig, dass Frauen, die mit Hose statt Rock im Gemeindegottesdienst erschienen, ein Zettelchen zugeschoben bekamen, auf dem geschrieben stand: „*Eine Frau darf keine Männerkleidung tragen und ein Mann keine Frauenkleidung. Der Herr, euer Gott, verabscheut jeden, der das tut.*“ (Deuteronomium 22,5 GNB).

Aber wenn man auf die Einhaltung dieses Verses so penibel achtet, warum nicht auch auf die Einhaltung der Verse 20–22 oder 28?

Die Verse 20 und 21 empfehlen folgendes Vorgehen, wenn man feststellt, dass die Ehefrau in der Hochzeitsnacht keine Jungfrau mehr war: „*In diesem Fall sollen die Ältesten die Frau vor die Tür ihres Elternhauses bringen und die Männer der Stadt sollen sie zu Tode steinigen. Sie hat etwas Schändliches in Israel getan, weil sie sich im Haus ihres Vaters wie eine Hure verhalten hat.*“

Und warum setzen sich Christen nicht dafür ein, dass Vers 22 in unserem Land und in unserer Gesetzgebung wieder eingeführt wird, nämlich die Todesstrafe für Ehebruch: „*Wenn ein Mann mit der Frau eines anderen schläft und man ertappt sie, dann müssen beide sterben. Duldet keine solche Schandtat in eurem Volk!*“ (HfA).

Noch dramatischer wird es am Ende, wenn ab Vers 28 geboten wird, dass eine Frau, die vergewaltigt wurde, ihren Vergewaltiger heiraten muss und eine Scheidung der beiden ausgeschlossen wird: „*Wenn jemand ein unberührtes Mädchen vergewaltigt, das noch nicht verlobt ist, und dabei ertappt wird, dann soll der Mann, der das tat, ihrem Vater 50 Silberstücke geben, und er muss das Mädchen zur Frau nehmen, weil er sie vergewaltigt hat. Er darf sie sein Leben lang nicht verstoßen.*“

Hier wird bereits in einem einzigen Kapitel der Bibel deutlich, dass sogenannte „bibeltreue" Christen den einen Vers wörtlich nehmen, wohingegen andere Verse in ihrem Leben oder Glauben überhaupt keine Rolle spielen.

In den fünf Büchern Mose finden sich insgesamt 613 Gebote und Verbote. Einige dieser Gebote werden in bibeltreuen Kreisen absolut ernst genommen. Ihre wörtliche Auslegung und Befolgung entscheidet oft über Rechtgläubigkeit und Zugehörigkeit.

Es verwundert mich, wie „bibeltreue" Christen immer wieder Levitikus 18,22 (*„Du darfst mit keinem Mann Geschlechtsverkehr haben. Das verabscheue ich."* NeÜ) wörtlich verstehen und befolgen und damit Homosexualität verurteilen, aber gleichzeitig überhaupt kein Problem damit haben, Schweinefleisch zu essen, sich zu rasieren oder ihren Kater zu kastrieren. Alles Dinge, die in demselben Buch Levitikus klar verboten sind (Levitikus 19,27; Levitikus 11,7; Levitikus 22,24). Was sind also die Kriterien, den einen Vers wörtlich zu nehmen und andere völlig außer Acht zu lassen? Wieso entscheidet das Befolgen des einen Verses über Rechtgläubigkeit und Zugehörigkeit, wohingegen andere Verse aus ein und demselben Kapitel bedeutungslos für Glauben und Lebenspraxis sind? Es ist ziemlich billig, sich als bibeltreu zu bezeichnen, wenn man in Wirklichkeit nur einem Teil der Bibel treu ist, und man zuvor den Teil ausgeschieden hat, dem man nicht treu sein möchte.

Beispiele aus dem Neuen Testament

Diese subjektive Bibeltreue findet sich nicht nur dem Alten Testament gegenüber. Es gibt auch im Neuen Testament viele Verse, bei denen mit zweierlei Maß gemessen wird. Die einen werden selbstverständlich wörtlich genommen und andere genauso selbstverständlich nicht befolgt oder anderweitig ausgelegt.

Angeblich bibeltreue Christen ...

- trennen sich nicht von allem, was sie haben, wenn sie gläubig werden (Lukas 14,33),
- verkaufen nicht alles, was sie besitzen, um es den Armen zu geben (Lukas 18,22),
- weigern sich nicht, Freunde zum Essen einzuladen, um stattdessen nur Arme, Blinde und Gelähmte zu bewirten (Lukas 14,13),
- hassen nicht ihre Eltern, Geschwister oder Kinder, wenn sie Jesus nachfolgen wollen (Lukas 14,26),
- verbieten es nicht von ihren Kindern „Vater" genannt zu werden (Matthäus 23,9),
- verzichten nicht auf jeglichen Besitz außer Nahrung und Kleidung (1. Timotheus 6,7),
- beten als Männer nicht an allen Orten stets mit erhobenen Händen (1. Timotheus 2,8),

... obwohl das alles explizit im Neuen Testament steht und geboten wird.

Was will ich mit alldem aufzeigen? Es wird schnell in christlichen Kreisen behauptet, man sei bibeltreu. Damit soll ausgedrückt werden, dass man die ganze Bibel ernst nimmt, ihr ganzen Gehorsam schenken möchte und sich davor hüten will, irgendwelchen Versen aufgrund von Zeitgeist oder Druck der Gesellschaft die Gültigkeit abzusprechen. Das klingt löblich und gewissenhaft. Es wird dabei nur übersehen, dass jeder von uns, ob er sich dessen bewusst ist oder nicht, eine subjektive Liste mit Bibelstellen oder Texten hat, die man ernst und wörtlich nimmt und auf deren Einhaltung man pocht. Auf der anderen Seite haben wir eine genauso subjektive Liste mit Bibelstellen oder Texten, die kaum eine Rolle spielen, die man überhaupt nicht wörtlich oder ernst nimmt und deren Gültigkeit für heute nicht in Erwägung gezogen wird.

Welche Listen die jeweils richtigen sind, mag ich gar nicht beurteilen. Ich wehre mich nur gegen die Aussage, man sei im Gegensatz zu anderen bibeltreu. Ich schreibe es noch einmal: Es gibt für mich keine objektive, sondern immer nur selektive Bibeltreue. Wir sind nur unserer subjektiven Sammlung an Bibelstellen treu, wohingegen wir andere Bibelstellen problemlos übergehen oder unter den Teppich kehren. Und diese subjektiven Sammlungen spiegeln vor allem unsere geistliche Tradition, die Prägung durch unseren Pastor oder unsere Eltern, das Bibelverständnis unseres geistlichen Milieus oder die Haltung unserer Gemeinde wider. Aber sie sind nicht Ausdruck objektiver Bibelerkenntnis, geschweige denn der Wahrheit.

Der wahre Kampf in den verschiedenen christlichen Milieus ist kein Kampf um die Bibeltreue, sondern ein Kampf um die richtige Liste an Bibelversen, denen gegenüber man treu sein will.

Gesetz ist nicht gleich Gesetz

Gerade in Bezug auf das Alte Testament wird immer wieder versucht, die Richtigkeit der subjektiven Liste theologisch zu rechtfertigen. Weil man wahrnimmt, dass man tatsächlich nicht alle der 613 Gebote und Verbote im Alten Testament wörtlich nehmen oder befolgen kann, unternimmt man den Versuch, die 613 Gebote in drei verschiedene Gesetzeskategorien zu unterteilen. Man unterscheidet dann gerne zwischen Zivilgesetz, Zeremonialgesetz und Moralgesetz.

Angeblich befasst sich das Zivilgesetz hauptsächlich mit den Beziehungen zwischen Einzelpersonen, der Beilegung von Streitigkeiten und der Beschreibung des richtigen Verhaltens im Rahmen einer staatlichen Gesetzgebung. Als Israel kein Staat mehr war, ging auch die Bedeutung dieser Gesetze verloren.

Das Zeremonialgesetz befasst sich angeblich mit der Einführung ins Priesteramt und den priesterlichen Handlungen in Bezug auf die verschiedenen Opfer, durch die die Menschen des Alten Testaments von ihren Sünden gereinigt wurden. Seit dem Ende der Opfer durch Jesus sind auch diese Gebote für Christen nicht länger relevant.

Die moralischen Gesetze sind angeblich direkte Gebote Gottes. Das Moralgesetz offenbart das Wesen und den Willen Gottes und gilt deshalb auch heute noch uneingeschränkt für alle Menschen.[11]

Die Problematik dieser Einteilung beschreibt der Theologe Benjamin L. Corey in folgendem fiktiven Dialog[12]:

A: „Die Bibel sagt, dass Schwule ein Gräuel sind, und Jesus hat das Gesetz nicht abgeschafft!"
B: „Ähm. Okay. Dir ist aber auch klar, dass Leute, die in Banken arbeiten, ebenso ein Gräuel sind, dass es diese ganze lange Liste leckerer Lebensmittel gibt, die man nicht essen darf und man sich nicht die Koteletten rasieren darf, oder?"
A: „Du missbrauchst die Schrift! Diese Gesetze galten damals aus verschiedenen Gründen nur für Israel."
B: „Warte – du erzählst mir also, dass Jesus das Gesetz nicht abgeschafft hat, dass das Gesetz des AT noch gilt, aber dass die verbotenen Dinge, die du gerne tust, doch abgeschafft sind. Wie funktioniert das?"
A: „Schau, das beweist, wie bedeutungslos deine Hochschulabschlüsse sind. Wenn du eine echte Ausbildung

---

11 Eine Einteilung der einzelnen Gebote in diese drei Gesetze findet man zum Beispiel hier: https://carm.org/about-doctrine/what-are-the-main-divisions-of-the-old-testament-law.

12 Aus „The official Blog of Benjamin L. Corey"; Titel: „For The People Who Say ‚The Moral Laws In The Old Testament Still Apply To Us'", Patheos.com, 23.3.2017.

hättest, würdest du wissen, dass die Gesetze in Kategorien unterteilt sind – zeremoniell, zivil und moralisch. Die ersten beiden Kategorien müssen wir nicht befolgen, aber die dritte befolgen wir noch."
Und so verläuft das Gespräch immer und immer wieder.

Natürlich ist diese Argumentation äußerst problematisch. Zunächst unterteilt das Alte Testament selbst die Gesetze nicht in Kategorien – diese Kategorien sind moderne Wege, um zu versuchen, ein ziemlich großes System antiker Gesetze zu verstehen und zu unterteilen. Hätten die biblischen Autoren klare Kategorien gewollt, würden wir das Gesetz wahrscheinlich so vorfinden – aber es ist nicht so. Es gibt kein Buch mit zeremoniellen Gesetzen, gefolgt von einem Buch mit moralischen Gesetzen. Wie können wir sicher wissen, welches Gesetz in welche Kategorie gehört? Leider fehlen uns auch hier die biblischen Fußnoten. Es sind und bleiben subjektive Listen. Und selbst wenn die Gesetze sauber in Kategorien unterteilt worden wären, steht nirgendwo in der Bibel, dass die ersten beiden Kategorien des alttestamentlichen Gesetzes nicht mehr befolgt werden müssen, aber das Moralgesetz immer noch gilt. Doch oftmals haben sich genau solche Überlegungen in den Köpfen von Christen eingeprägt, und sie empfinden sich darum als äußerst bibeltreu, wenn sie die völlig subjektive Liste an moralischen Gesetzen einhalten und die genauso subjektive Liste an zeremoniellen Gesetzen nicht länger beachten.

Benjamin L. Corey beschreibt weiter:

Die Einteilung der alttestamentlichen Gesetze in Kategorien, von denen nur noch eine Kategorie gilt, lädt zu lächerlichem Eigennutz ein. Als Beispiel habe ich mir angesehen, wie die Website des Christian Apologetics &

Research Ministry mit diesen Kategorien umgeht, und habe Folgendes festgestellt: Gesetze in Bezug auf die Unterdrückung der Armen werden bequemerweise unter „zivil" statt unter „moralisch" eingeordnet, während sie Dinge wie Homosexualität unter die moralische Kategorie einordnen. Aber was macht die Missachtung von Nächstenliebe und die Weigerung, die Hungrigen zu speisen, zu etwas, das außerhalb des Bereichs der Moral liegt? Und wenn das Zivilrecht die Beziehungen zwischen Menschen regelt, wie auf ihrer Website behauptet, warum sollten dann sexuelle Verhaltensweisen in die Kategorie der Moral und nicht in die Kategorie der zivilen Beziehungen aufgenommen werden?

Vielleicht ist solch eine Aufteilung des Gesetzes in Kategorien hilfreich, um zu verstehen, wie sich diese Gesetze auf die antike jüdische Kultur ausgewirkt haben. Wenn wir sie jedoch in Kategorien einteilen, um zu bestimmen, welchen wir noch gehorchen müssen und welchen nicht, werden wir dies oft unbewusst so tun, dass unser eigenes Verhalten oder unsere Traditionen gerechtfertigt und die Verhaltensweisen anderer verurteilt werden können. Dies ist ein weiterer Hinweis auf subjektive Bibeltreue.

Bibeltreue in wenigen Worten

Die Bibel ernst nehmen ist nicht dasselbe wie die Bibel wörtlich nehmen. Zudem ist es nicht möglich, alle Verse der Bibel wörtlich zu nehmen. Menschen, die sich als bibeltreu bezeichnen, erwecken oft den Eindruck, sie wären der gesamten Bibel mit all ihren Versen gegenüber treu und gehorsam. Es gibt allerdings keine objektive, sondern nur selektive Bibeltreue. Wir alle haben – oft unbewusst oder im Zuge unserer geistlichen Tradition – Vorentscheidungen getroffen, welchen Versen gegenüber wir diese Treue an den Tag legen, und welche Verse für unseren Glauben oder unser Leben keine Rolle spielen.

B. Ist alles in der Bibel wahr?

Ob etwas wahr oder unwahr ist, lässt sich gar nicht so leicht entscheiden, wie man denkt. Und wenn etwas nicht wahr ist, ist es dann automatisch gelogen oder könnte es in einem anderen Sinne doch wahr sein? Leider hat sich unsere Zeit so entwickelt, dass wir eine sehr eingeschränkte Vorstellung davon haben, wann etwas wahr ist.

Unser menschliches Leben ist geprägt von den unterschiedlichsten Erfahrungen: Leidenschaft, Kämpfe, Liebe, Hass, Rache, Furcht, Mut, Hoffnung, Enttäuschung, Erfolg, Scheitern usw. Das sind die Realitäten unserer Existenz. Schon immer haben Menschen Sprache benutzt, um diese Realitäten und ihre Auswirkungen zu beschreiben. Sie haben diese Erfahrungen ausgedrückt durch Geschichten, Symbole, Klagen, Lieder, Mythen und Metaphern. Und sie wurden ständig weitererzählt, um die Bedeutung menschlicher Erfahrung zu vermitteln. Väter erzählten sie ihren Söhnen, Großväter ihren Enkeln, Lehrer ihren Schülern, Könige ihren Untertanen, usw.

Mathematische und poetische Wahrheit

Ich möchte das mit einem Beispiel verdeutlichen. Was passiert, wenn jemand den folgenden Satz ausspricht?

> *Das ist eine schwierige Entscheidung, denn zwei Herzen schlagen in meiner Brust.*

Hat diese Person wirklich zwei Herzen in ihrer Brust? Wie funktioniert ein Blutkreislauf, wenn zwei Herzen da sind? Kann man weiterleben, falls eines der beiden Herzen aufhört zu schlagen? Dieser Satz macht deutlich, dass etwas wahr sein kann, ohne wörtlich wahr zu sein. Manchmal fühlt man sich eben, als würden zwei Herzen in einer Brust schlagen. Man kann sich nicht entscheiden, weil man beide Dinge wertschätzt, liebgewonnen hat oder als unverzichtbar empfindet. Die Aussage ist also als Sprachbild wahr, wohingegen sie anatomisch unwahr ist.

Mir hat einmal jemand nach der Geburt seines ersten Kindes getextet: „Es ist, als wäre die Sonne in meinem Herzen aufgegangen." Ist die Sonne in seinem Herzen aufgegangen und stand nicht länger am Himmel? Nein, die Sonne hat auch weiter den Tag erhellt, und trotzdem ist sie in seinem Herzen aufgegangen. Genau deswegen brauchen wir Dichtung, Geschichten, Bilder, Verse, Metaphern und Sprachfiguren. Sie helfen uns, die Wahrheit eines Ereignisses oder eines Moments zu artikulieren, die nicht durch bloße Fakten ausgedrückt werden kann. Diese Art der symbolischen und bildhaften Sprache nenne ich poetische oder dichterische Wahrheit.

Und nun ist geschichtlich etwas geschehen: Antike Völker, allen voran die Griechen, fingen an, die Mathematik und die Physik zu entdecken, zu forschen und darüber zu lehren. Man beschäftigte sich mit Zahlen, Formeln, Geometrie, Arithmetik, mit Logik, Induktion und Deduktion. Präzision, Exaktheit und Genauigkeit wurden plötzlich möglich. Das Wissen explodierte, Wissenschaft entstand. Beweise und Fakten wurden auf einen Schlag das Entscheidende. Sie spielen in der Mathematik eine große Rolle. Wir alle kennen noch den Satz, den wir unter unsere Rechnungen in der Matheklausur schreiben mussten: „w.z.b.w. (was zu beweisen war)". Ich nenne das die mathematische oder faktische Wahrheit.

Mathematische Wahrheit ist wichtig. Ohne sie gäbe es keine moderne Welt, keine Ingenieure, keine Maschinen, Labore oder Computer. Alles unglaublich hilfreich und notwendig, um unsere Welt so zu gestalten, wie wir sie kennen. Aber nur bis zu einem gewissen Punkt. Als der Freund von der Geburt seines ersten Kindes berichtete, kam eine SMS mit dem Gewicht, der Geburtszeit und dem Namen des Kindes, aber als er sagte, die Sonne sei in seinem Herzen aufgegangen, wechselte er von Fakten zu einer Metapher. Er hat mit mathematischer Wahrheit angefangen, aber dann zu dichterischer Wahrheit gewechselt. Warum? Weil mathematische Wahrheit begrenzt ist. Man kann mit mathematischer Wahrheit nicht alles ausdrücken. Sie ist nicht tief, voll, breit und weise genug, um die fundamentalen und emotionalen Realitäten auszudrücken, mit denen wir es zu tun haben. Sie versagt darin zu beschreiben, wie es sich anfühlt, wenn man sein Kind zum ersten Mal in den Armen hält. Mathematische Wahrheit ist unzureichend, wenn es darum geht, Dinge zum Ausdruck zu bringen wie Sinn, Liebe oder den Schmerz in unserem Herzen. Aber leider dominiert mathematische Wahrheit unsere gesamte Kultur. Während sie die Technologie vorangebracht hat, hat sie andere Arten der Wahrheit plattgemacht, besonders die dichterische Wahrheit.

Leider ist der Kirche und auch der Theologie etwas Tragisches unterlaufen: Sie hat immer stärker versucht zu beweisen, dass die Bibel mit mathematischer Wahrheit mithalten kann. Sie ist eingestiegen in das Spiel um Fakten und muss jetzt nach dessen Regeln spielen. Wer in den Aussagen und Texten der Bibel vor allem mathematische Wahrheit, historische Wahrheit, Fakten, eine Betriebsanleitung, Messbares, Belegbares oder Nachweisbares sieht, der ist dazu verdammt, ständig sicherzustellen, dass die Bibel in der Liga der mathematischen Wahrheit mithalten kann. Und das ist einer der Gründe, warum viele, denen die Bibel auf diese Weise nahegebracht wurde, sie verwirrend und irrelevant finden. Plötzlich werden vor allem Fragen an die Bibel gestellt, die mathematische Wahrheit betreffen:

- Ist die Welt in sechs Tagen entstanden?
- Ist die Erde tatsächlich erst 6.000 Jahre alt?
- Wie genau konnte Jona drei Tage im Bauch des Fisches und in dessen Magensäften überleben?
- Wen heiratete Kain, da es ja sonst keine anderen Menschen außer seinen Eltern Adam und Eva gab?
- War der Wasserstand der Sintflut wirklich so hoch, dass sie sogar den Mount Everest bedeckt hat?
- Haben in der Arche alle Tierarten Platz gefunden und wie ging das mit der Futterbeschaffung und den unterschiedlichen Lebens- und Klimabedingungen, die die Tiere brauchten?

Diese Fragen sind zwar berechtigt, aber sie werfen einen falschen Blick auf die Bibel. Plötzlich lese ich die Schöpfungserzählung oder die Flutgeschichte mit meiner mathematischen Brille, nämlich ob sie historisch genau so geschehen sind, und ich überprüfe diese Texte auf ihre naturwissenschaftliche oder physikalische Plausibilität. Ich muss auf Argumente oder Beweismittel aus der Kategorie mathematischer Wahrheit zurückgreifen, um die Bibel in ihrem Wettstreit mit anderen historischen oder wissenschaftlichen Werken verteidigen zu können. Plötzlich muss man die Bibel historisch und naturwissenschaftlich rechtfertigen.

Während meines (eher fundamentalistischen) Theologiestudiums hatten wir immer wieder Vorlesungen bei namhaften Professoren, die versucht haben den wissenschaftlichen Beweis anzutreten, dass die ersten beiden Kapitel von Genesis tatsächlich die naturwissenschaftliche Entstehung der Welt erklären und damit im scharfen Widerspruch zur Evolutionslehre stehen. Andere Professoren haben uns physikalisch, architektonisch und mit Erkenntnissen aus der Statik und Zoologie schlüssig erklären wollen, wie die Arche als Schiff genau aufgeteilt war, warum sie hervorragend schwimmen konnte und mit ihren verschiedenen Stockwerken durchaus in der Lage war, tatsächlich von allen Lebewesen ein Paar an Bord aufzunehmen.

Aber in all den Jahren habe ich von keinem Professor erfahren, was mir diese Schöpfungserzählung eigentlich wirklich erzählen möchte. Was sie aussagt über das Leben, die Liebe, die Menschenwürde, die Entstehung von Gottesbeziehung oder Moral. Vor lauter mathematischer Beweisführung übersieht man die Botschaft, die diese Geschichten eigentlich erzählen wollen. Die Texte klären dann nur noch Fakten, aber sie erklären nicht länger das Leben. Und kann man den Beweis nicht antreten, dass eine biblische Geschichte tatsächlich historisch oder naturwissenschaftlich plausibel ist, steht die Glaubwürdigkeit der gesamten Bibel auf dem Spiel. Die Bibel ist dann wie eine große mathematische Gleichung, die plötzlich falsch wird, wenn auch nur eine Zahl falsch ist! Wenn das mit Jona nicht stimmt (im Sinne einer wissenschaftlichen, historischen Tatsache), dann stimmt die ganze Bibel nicht. Wenn das mit der Arche nicht richtig ist, dann kann ich das andere auch nicht glauben. Wenn das mit Adam und Eva nicht stimmt, dann ist die ganze Bibel hinfällig. Wenn ein Teilergebnis falsch ist, wird die gesamte Gleichung falsch.

Die biblischen Texte klären dann nur noch Fakten, aber sie erklären nicht länger das Leben.

Aber könnte es nicht sein, dass die Bibel in einer ganz anderen Liga spielt? Beinhaltet sie nicht vielmehr dichterische Wahrheit, wo doch mathematische Wahrheit in ihrer Fähigkeit über das Leben, über seinen Sinn, seine Bedeutung, seine Höhen und Tiefen zu sprechen überhaupt nicht mithalten kann?

Ich denke, die Bibel ist vor allem eine Bibliothek von Büchern mit dichterischer Wahrheit. In der Bibel gibt es viele Fakten, geografische Angaben, Menschen und Ereignisse. Aber in vielem geht es der Bibel um poetische Wahrheiten, um tiefere Wahrheiten, die den Sinn des Lebens betreffen oder das Königreich Gottes, das nicht von dieser Welt ist.

Inspiration der Bibel

Ich möchte damit nicht die Inspiration der Bibel in Zweifel ziehen. Für mich ist die Bibel nach wie vor inspiriertes Wort Gottes. Die Frage ist nur, ob Gott ein Buch mit vor allem faktischer Wahrheit oder mit vor allem poetischer Wahrheit inspiriert hat. Warum knüpfen wir unser Inspirationsverständnis automatisch daran, dass alle Texte der Bibel Fakten, unwiderlegbare historische Berichte oder wissenschaftlich belegbare Aussagen enthalten? Die Bibel erzählt so viele Geschichten, deren Anspruch es nicht ist, historisch bewiesen werden zu müssen. Ihr Anspruch ist vielmehr, dass sie Gottes tiefe Gedanken erzählen wollen, die unser Leben betreffen, erklären, verändern und erlösen. Ich muss die Bibel nicht dauernd retten angesichts all der Wissenschaftler, Biologen und Historiker, die die Bibel in die Arena der mathematischen Wahrheit ziehen wollen.

Historisch und naturwissenschaftlich an einen Text heranzugehen, ist ein Phänomen der Neuzeit. Die Uhr wurde im 11. Jahrhundert erfunden, Archäologie entstand im 15. Jahrhundert, und das Mikroskop wurde im 16. Jahrhundert entwickelt. Es sind moderne Augen, die einen Text betrachten unter dem Aspekt wie historisch, wissenschaftlich oder plausibel er ist. Als die biblischen Texte entstanden, gab es noch keinen Buchdruck und die meisten Menschen waren Analphabeten. Die biblischen Autoren sind keine frühzeitlichen Reporter, die live bei der Schöpfung dabei waren und Jona im Bauch des

Wals den Puls gemessen haben. Bei diesen alten Geschichten geht es nicht um Präzision, um Details und um wissenschaftliche Fakten, sondern um Erinnerung, um Weisheit, um Lebenserfahrung und Inspiration. Wenn diese Elemente nicht mehr im Zentrum stehen, stellen wir die falschen Fragen an die Bibel.

Wenn etwas nicht faktische Wahrheit ist, ist es in unseren Augen intuitiv Lüge, falsch, Fehler, Fake News, usw. Aber diesen Gegensatz gibt es nur, wenn die Texte in der gleichen Liga spielen. Als die biblischen Texte entstanden, gab es die Liga der wissenschaftlichen oder historischen Literatur noch gar nicht. Wenn biblische Texte nicht faktische Wahrheit sind, sind sie deswegen nicht Lüge, sondern sie sind eben Texte mit poetischer Wahrheit.

Der Theologe Peter Aschoff schreibt über diesen poetischen und mythologischen Aspekt der biblischen Geschichten Folgendes[13]:

> *Meine Kinder haben im Kindergarten die Geschichte von Karius und Baktus*[14] *gehört. Die Auswirkungen waren sehr positiv, bis heute putzen sie recht gewissenhaft ihre Zähne. Und niemand kommt auf die Idee, die Geschichte als erfunden und daher gar nicht wahr zu bezeichnen oder umgekehrt zu behaupten, man müsse das buchstäblich so glauben, wie es geschrieben steht. Kinder denken nun*

---

13 Blogartikel aus „Peregrinatio" vom 12. Oktober 2012: „Wahr oder erfunden? Was man von Karius und Baktus über die Bibel lernen kann." https://peregrinatio.net/wahr-oder-erfunden-was-man-von-karius-und-baktus-uber-die-bibel-lernen-kann.

14 „Karius und Baktus" ist ein norwegischer Puppenfilm aus dem Jahr 1954, der Kinder zum Zähneputzen animieren sollte. Er basiert auf dem 1949 in Norwegen erschienenen gleichnamigen Kinderbuch von Thorbjørn Egner.

mal in Geschichten, und Karius und Baktus ist eine Geschichte, die ihnen eine wichtige Wahrheit nahebringt. Mit wissenschaftlichen Studien zur Dentalhygiene hingegen können Vorschulkinder nichts anfangen.
Kürzlich hat mich das Thema Schöpfung und Wissenschaft wieder beschäftigt. Der Streit zwischen fundamentalistischen Atheisten und fundamentalistischen Christen über die biblische Urgeschichte kommt mir vor wie ein Streit über Karius und Baktus. Natürlich ist dieser Text von Menschen und für Menschen in einer vorwissenschaftlichen Zeit geschrieben, in der es überhaupt nur Geschichten – Mythen – gab, mit denen man die Welt erklärte. Vermutlich nicht einmal so sehr die Frage, wie genau alles entstanden ist und was früher war (oder nicht war), sondern eine Beschreibung dessen, wie die Welt hier und jetzt ist und wie man in ihr richtig lebt. Wenn man diese Geschichte verstehen will, muss man sich erstens auf sie einlassen, man muss in die Welt ihrer Vorstellungen von Urflut und Himmelsgewölbe eintauchen, und man muss zweitens verstehen, wo und wie sie sich von den anderen Geschichten unterscheidet, die zeitgleich im Umlauf waren: all den altorientalischen und antiken Schöpfungs- und Göttermythen. Zum Beispiel präsentiert uns Genesis 1 eine gewaltlose Schöpfung, eine völlig entdämonisierte Welt und depotenzierte Elementarmächte, während im Enuma Elish die Götter sagen „Lasst uns Dämonen machen". Im Übrigen hat ja auch Jesus niemand gefragt, ob die Geschichte vom verlorenen Sohn eine „wahre" Geschichte ist. Natürlich ist sie „erfunden". Aber sie ist genial erfunden, weil sie besser (und kürzer!!) als jede christliche Dogmatik Gottes Wesen charakterisiert. Und anders als unsere Wissenschaftsprosa kann die Poesie der Genesis etwas über Sinn und Schönheit des Lebens aussagen.

Hat es Adam und Eva historisch wirklich gegeben? Gab es eine weltweite Flut? Sind wirklich alle Kinder Hiobs gestorben? Ich weiß nicht, ob das faktisch und historisch so war. Aber ich weiß, was diese Geschichten für mein Leben, meine Gottesbeziehung, meine Krisen, meine Würde, meine Sicht der Welt und meine Lebensführung bedeuten. Für viele ist die Bibel nur dann Gottes Wort, wenn sie von Anfang bis Ende unwiderlegbare historische Fakten beinhaltet. Wird einer der Fakten angezweifelt, geht die ganze Kraft dort hinein, durch irgendwelche Forschungen, archäologische Erkenntnisse und historische Belege zu beweisen, dass die Bibel doch mit dem Anspruch mathematischer Wahrheit mithalten kann. Gleichzeitig haben wir es verpasst, einer nach Sinn, Bedeutung, Bildern und Spiritualität verlangenden Gesellschaft die Geschichten der Bibel so zu erzählen, dass ihre tiefe Sehnsucht nach echtem Leben und echten Antworten gestillt wird. Wir beschäftigen uns viel zu sehr mit der Frage, ob die Geschichten der Bibel wahr sind, anstatt zu überlegen welche großen und göttlichen Wahrheiten diese Geschichten erzählen wollen. Denn eine wahre Geschichte kann ungeheuer platt und inhaltsarm sein. Und eine erfundene Geschichte kann ungeheuer wahr und aussagestark sein. Die Bibel ist also ein Buch mit vielen Fakten, aber mit noch viel mehr Geschichten, die in Form von poetischer Wahrheit Gottes Willen, sein Wesen und die großen Antworten auf unsere Lebensfragen beschreiben.

Wir beschäftigen uns viel zu sehr mit der Frage, ob die Geschichten der Bibel wahr sind, anstatt zu überlegen welche göttlichen Wahrheiten diese Geschichten erzählen wollen.

Ist alles in der Bibel wahr? in wenigen Worten

Der moderne Mensch versteht unter Wahrheit vor allem mathematische oder faktische Wahrheit. Daneben gibt es poetische und dichterische Wahrheit. Wer davon ausgeht, dass die Bibel vor allem faktische Wahrheit enthält, muss sie dauernd gegenüber den kritischen Anfragen aus Naturwissenschaft und historischer Wissenschaft verteidigen. Poetische Wahrheit dagegen kann tiefe Weisheiten und Prinzipien in einer Form zum Ausdruck bringen, wie das faktische Wahrheit nie könnte. Es geht also weniger darum, ob die Geschichten in der Bibel historisch oder naturwissenschaftlich wahr sind, sondern vielmehr darum, welche göttlichen Wahrheiten uns diese Texte erzählen wollen.

C. Entwicklung in der Bibel

Und damit kommen wir zum letzten und vielleicht wichtigsten Aspekt für ein verändertes Bibelverständnis. Und ich betone es noch einmal: Ich schreibe so ausführlich über das Bibelverständnis, weil es uns die Tür öffnet, um bei ganz vielen Themen ein zwar weiterhin biblisches, aber trotzdem verändertes Verständnis zu gewinnen. Genauso kann Glaube sich weiterentwickeln.

Beim aufmerksamen Lesen der Bibel wird deutlich, dass sich bereits innerhalb der Bibel Entwicklung vollzieht. In der Bibel selbst ändert sich etwas. Gebote werden weiterentwickelt, Perspektiven verändern sich, und was in einem biblischen Buch noch galt, gilt in einem anderen Buch bereits nicht mehr. Grundpfeiler von Tradition und Gottesverehrung werden im Laufe der biblischen Texte eingerissen, moralische Einsichten verändern sich und selbst das Gottesbild ist in Bewegung. Dadurch wird deutlich, dass die Bibel kein flaches Buch ist, in dem alle Texte gleichwertig nebeneinanderstehen. Biblische Texte sind nicht gleich an Bedeutung, gleich an Gültigkeit und gleich an Erkenntnisstand. An verschiedenen Beispielen kann deutlich gemacht werden, dass sich tiefe Erkenntnisse nur Schritt für Schritt entwickelten. Wahrheit offenbarte sich nach und nach und manche Texte spiegeln eher die Sichtweise ihres antiken Umfeldes wider als den Herzschlag Gottes. Die Beispiele auf den folgenden Seiten sollen das verdeutlichen (auch hier lohnt es sich, die Bibelstellen tatsächlich zu lesen).

Beispiel 1: Vergeltungsrecht

Nachdem Kain seinen Bruder Abel erschlagen hat, wird er im Buch Genesis von Gott verflucht und verstoßen. Die folgenden Verse beschreiben den Dialog zwischen Gott und Kain: *„‚Du vertreibst mich vom fruchtbaren Land und aus deiner schützenden Nähe. Als heimatloser Flüchtling muss ich umherirren. Ich bin vogelfrei, jeder kann mich ungestraft töten.' Der Herr antwortete: ‚Nein, sondern ich bestimme: Wenn dich einer tötet, müssen dafür sieben Menschen aus seiner Familie sterben.' Und er machte an Kain ein Zeichen, damit jeder wusste: Kain steht unter dem Schutz des Herrn."* (Genesis 4,14 f. GNB)

Hier wird beschrieben, dass die Ermordung Kains siebenfach gerächt werden soll. Siebenfache Vergeltung ist das Maß göttlicher Rache in diesem Text.

Einige Verse später steigert sich diese Vergeltungsgerechtigkeit mit Lamech, einem Nachkommen Kains: *„Passt auf, wie Lamech sich sein Recht verschafft: Ich töte einen Mann für meine Wunde und einen Jungen, wenn mich jemand schlägt! Ein Mord an Kain – so hat es Gott bestimmt – verlangt als Rache sieben Menschenleben; für Lamech müssen siebenundsiebzig sterben!"* (Genesis 4,23+24 GNB). Wenn siebenfache Vergeltung schon unangemessen erscheint, dann ist es die 77-fache Vergeltung erst recht.

Eine weitere Steigerung erfährt das Thema Vergeltung dann in Genesis 34. Dort wird Dina, eine Tochter des Erzvaters Jakob durch Sichem, den Sohn eines heidnischen Stadtfürsten, vergewaltigt und damit geschändet. Dinas zwölf Brüder, die später für die zwölf Stämme Israels stehen, verlangen nach Vergeltung. Sie bieten dem jungen Sichem hinterlistig an, ihre Schwester heiraten zu können, falls sich alle männlichen Stadtbewohner bereit erklären sich beschneiden zu lassen. Durch seinen Einfluss macht Sichem das möglich und alle Männer lassen sich beschneiden. Während diese alsdann im Wundfieber liegen, fallen die zwölf Söhne Jakobs über die Stadt her und ermorden alle Männer. Eine Vergewaltigung wird mit der Ermordung der gesamten männlichen Bevölkerung einer Stadt vergolten.

Siebenfache Vergeltung, 77-fache Vergeltung und nun die Auslöschung einer ganzen Bevölkerungsgruppe. Während Gott anfänglich die siebenfache Vergeltung selbst angeordnet hat, verändert sich etwas gravierend durch die mosaische Gesetzgebung. Die biblische Entwicklung geht einen Schritt weiter, hin zum sogenannten „ius talionis", der angemessenen Vergeltung bzw. Bestrafung. Ius talionis ist Fachausdruck für den Grundsatz streng gleicher Ersatzforderung für angerichteten Schaden. Darum ordnet Mose im Buch Levitikus an: *„Wer seinem Mitmenschen einen Schaden am Körper zufügt, muss zur Strafe denselben Schaden am eigenen Leib erleiden. Wer dem anderen einen Knochen bricht, dem wird dafür ebenfalls ein Knochen gebrochen; wer ihm ein Auge oder einen Zahn ausschlägt, verliert dafür selbst Auge oder Zahn. Stets gilt der Grundsatz: Auge für Auge, Zahn für Zahn. Was jemand einem anderen zufügt, das wird zur Strafe ihm selbst zugefügt."* (Levitikus 24,19+20 GNB).

Mahatma Gandhi verkennt diese Verse, wenn er sagt: „Auge um Auge und die ganze Welt wird blind sein." In der immer drastischeren Vergeltungslogik sind diese Verse aus Levitikus eine positive Weiterentwicklung. Sie gebieten der maßlosen Vergeltung Einhalt. Vergeltung muss angemessen sein. Es geht also um nur noch ein Auge für ein Auge, nur noch eine Wunde für eine Wunde. In derselben Tora[15] wird erst von Gott die siebenfache Vergeltung angeordnet und einige Zeit später die einfache, angemessene Vergeltung. Ja, was gilt denn jetzt? Kann Gott sich nicht entscheiden? Die Texte in Genesis spiegeln antike willkürliche Vergeltungspraxis wider. Der Text in Levitikus ist dagegen eine deutliche Weiterentwicklung innerhalb der Bibel. Diese Weiterentwicklung hat sich nicht nur in Israel, sondern auch in anderen Hochkulturen vollzogen. Doch während dort das ius talionis nur auf Vollbürger bezogen wurde, waren in der Gesetzgebung Israels sogar die Sklaven einbezogen. Ein deutlicher Fortschritt.[16]

Und in Jesus geht diese Entwicklung des Vergeltungsrechtes noch einmal einen Schritt weiter, indem Jesus nun auffordert, gänzlich auf Vergeltung und Rache zu verzichten: *„Ihr wisst, dass es heißt: ‚Auge um Auge, Zahn um Zahn.' Ich aber sage euch: Verzichtet auf Gegenwehr, wenn euch jemand Böses tut! Mehr noch: Wenn dich jemand auf die rechte Backe schlägt, dann halte auch die linke hin."* (Matthäus 5,38+39 GNB). Bereits bei diesem ersten Beispiel wird deutlich, dass biblische Texte nicht gleich-wertig und gleich-gültig nebeneinanderstehen. Gott ordnet die siebenfache Vergeltung bei Kain an, die gleichwertige

---

15 Die Tora besteht aus den fünf Büchern Mose: Genesis, Exodus, Levitikus, Numeri, Deuteronomium.

16 1905/06 entdeckten französische Archäologen bei Susa den Codex Hammurabi. Dieser Rechtstext aus der Zeit um etwa 1700 v. Chr. enthält ebenfalls eine Talionsformel.

und angemessene Vergeltung bei Mose und den Verzicht auf jegliche Vergeltung bei Jesus. Mit welchem Verhalten ist man denn nun biblisch? Und wie entscheidet man sich, wenn man alles wörtlich nimmt? Wir kommen nicht darum herum, biblische Aussagen ins Verhältnis zueinander zu setzen und durch die Aufwertung der einen Aussage eine andere entsprechend abzuwerten. Und das hat nichts mit Bibelkritik zu tun, sondern mit dem Verständnis von Entwicklung innerhalb der Bibel.

Beispiel 2: Schuld der Vorfahren

Eine weitere wichtige Entwicklung der Bibel betrifft das Thema der sogenannten Vorfahrenschuld. Wir kennen diese Idee aus dem Text der Zehn Gebote. Beim Verbot der Götzenanbetung wird folgendes Prinzip formuliert: *„Wirf dich niemals vor ihnen nieder und verehre sie auf keinen Fall! Denn ich, Jahwe, ich, dein Gott, bin ein eifersüchtiger Gott. Wer mich verachtet und beiseitestellt, bei dem verfolge ich die Schuld der Väter noch bis zur dritten und vierten Generation."* (Exodus 20,5 NeÜ). Der Gedanke, dass Gott die Schuld der Väter an den Enkeln und Urenkeln heimsucht, findet sich immer wieder in der Tora. Und er bildet das Empfinden der antiken Gesellschaft zu dieser Zeit ab. Man denkt in Familienverbänden, Sippen und Stämmen. Es ist eine Zeit, in der individualisierter Glaube noch nicht vorkommt. Man teilt immer den Glauben der Väter, man steht in der Tradition der Vorfahren und die ganze Familie steht in enger Verbundenheit miteinander. Götter sind Stammesgötter oder Landesgötter und kaum überschreitet man die Grenze, ist man im Territorium eines anderen Gottes. Als der aussätzige syrische Hauptmann Naeman von Elisa geheilt wird und sich darauf zu Jahwe als seinem Gott bekennt und nur noch ihn anbeten möchte, nimmt er vor seiner Rückkehr noch zwei Säcke voll Erdreich aus Israel mit, damit er auch in Syrien auf dem Territorium Jahwes anbeten und opfern kann[17]. Denn Götter sind immer territoriale Stammesgötter. Und als Achan bei der Eroberung der Stadt Ai etwas vom Gebannten an sich nimmt und in seinem Zelt versteckt, werden bei der Entdeckung dieses Frevels nicht nur er, sondern auch seine Söhne und Töchter, seine Rinder, Schafe und Esel zur Strafe gesteinigt[18]. Kategorien wie individuelle Schuld mussten hinter der Idee kollektiver Schuld zurückstehen. Blutsverwandtschaft stand in Konkurrenz zur Vereinzelung.

Und nun verändert sich etwas gravierend beim Propheten Hesekiel. Glaube wird individueller, Schuld persönlich und Verantwortung liegt beim Einzelnen. Das ist eine ungeheure Weiterentwicklung, die ihresgleichen zur damaligen Zeit sucht! Explizit sagt Gott im Propheten Hesekiel, dass genau das Prinzip, das in der Tora immer wieder formuliert wurde, nun nicht mehr gilt. Es darf nicht länger das gesellschaftliche Leben bestimmen. *„Was denkt ihr euch dabei, wenn ihr Israeliten dieses Sprichwort verwendet: ‚Die Väter essen saure Trauben, und den Söhnen werden die Zähne davon stumpf'? Ich, Gott, der HERR, schwöre, so wahr ich lebe: Keiner von euch soll dieses Sprichwort jemals wieder gebrauchen!"* (Hesekiel 18,2+3 HfA).

Genau das war die Idee bei den Zehn Geboten: die Väter tun etwas und die Kinder tragen die Konsequenzen. Norma-

---

17 2. Könige 5,17: *„Da sagte Naeman: ‚Wenn du also nichts annimmst, dann gestatte deinen Diener doch, zwei Maultierladungen Erde mitzunehmen. Denn dein Diener wird künftig keinem anderen Gott mehr Opfer bringen als nur Jahwe.'"* (NeÜ).

18 Josua 7,24 f.: *„Dann führten Josua und ganz Israel Achan Ben-Serach mitsamt dem Silber, dem Mantel und dem Goldbarren und dazu auch seine Söhne und Töchter, seine Rinder, Esel und Schafe, sein Zelt und alles, was ihm sonst noch gehörte, in das Tal Achor. Dort sagte Josua: ‚So, wie du uns ins Unglück gebracht hast, wird Jahwe heute dich ins Unglück bringen!' Dann steinigte ganz Israel ihn und alles, was zu ihm gehörte. Anschließend verbrannten sie alles."*

lerweise bekommt derjenige die stumpfen Zähne, der das säurehaltige Obst isst. Aber ganz im Geiste der Sippenhaftung bekommt nun nicht der Essende die stumpfen Zähne, sondern die Kinder, die eigentlich die Trauben gar nicht gekostet haben. Und dieses Prinzip, diese Idee der Sippenhaftung findet hier ihr jähes Ende. Anhand von mehreren konkreten Beispielen beschreibt Hesekiel die neue Individualität von Schuld und gipfelt in der Aussage: *„Nur wer sündigt, muss sterben. Der Sohn soll nicht die Schuld des Vaters tragen und der Vater nicht die des Sohnes. Die Gerechtigkeit kommt nur dem zugute, der recht vor Gott lebt, und die Schuld lastet nur auf dem Schuldigen."* (Hesekiel 18,20 NeÜ). Welch krasser Gegensatz zu den Aussagen und der Praxis in der Tora und bei Josua. Hier wird Entwicklung beschrieben, hat sich etwas überholt, wurde etwas verändert und abgeschafft. Man ist gerade nicht bibeltreu, wenn man weiterhin die Aussage in den Zehn Geboten ernst nimmt, dass Kinder oder Enkel die Schuld, die okkulten Sünden oder die Flüche ihrer Eltern tragen oder verantworten müssten. Aber genau diese Vorstellungen geistern immer noch durch viele Gemeinden und Seelsorgeschulen. Sie missachten die Tatsache, dass sich viele Themen in der Bibel weiterentwickelt haben und bestimmte Aussagen andere ablösen. Die Aussagen über die Schuld der Vorfahren stehen nicht gleichberechtigt nebeneinander, als ob ich mir aussuchen könnte, welche ich nun befolge. Auf diesen Gedanken kann man nur kommen, wenn man nicht verstanden hat, dass es Entwicklung in der Bibel gibt.

Lust auf noch ein paar Beispiele?

Beispiel 3: Gott oder Satan?

Drastisch wird es, wenn man zwei Verse aus den Samuelbüchern und Chronikbüchern im Alten Testament miteinander vergleicht. Hierzu muss man Folgendes wissen: Die Bücher Samuel, Könige und Chronik beschreiben die Entstehung des Königtums in Israel und die Geschichte dieser Könige bis zur babylonischen Gefangenschaft. Samuel und Könige beschreiben die Geschichte Israels auch nach der Teilung in das Nordreich Israel und das Südreich Juda. Chronik hingegen beschreibt ausschließlich die Geschichte der Könige Judas. Dabei ist interessant, dass die Inhalte der Chronikbücher größtenteils wörtlich aus den Samuel- und Königebüchern übernommen wurden. In meiner wilden Phase, in der ich die Bibel zweimal im Jahr durchgelesen habe, hatte ich mir auch einmal die Mühe gemacht, einen synoptischen Vergleich von Samuel und den Chronikbüchern anzufertigen. Die Geschichten gleichen sich größtenteils wortwörtlich.

An einer Stelle gibt es allerdings einen gravierenden Unterschied: Es handelt sich um dieselbe Geschichte in Samuel und in Chronik. Sie erzählt davon, wie König David das Volk zählen lässt, um sich seiner militärischen Stärke bewusst zu werden. Daraufhin wird er von Gott mit einer dreitägigen Pest für das ganze Land gestraft. Genau aus dem Ort, an dem Gottes Pestengel mit dem Töten aufhört, wird dann der spätere Tempelplatz (an sich schon eine krasse Geschichte). Im ersten Samuelbuch wird diese Geschichte mit folgenden Worten eingeleitet: *„Und der Zorn des HERRN entbrannte abermals gegen Israel, und er reizte David gegen sie und sprach: Geh hin, zähle Israel und Juda!"* (2. Samuel 24,1 LUT 2017)

Wer reizte David und brachte ihn dazu, das Volk zählen zu lassen? Der Herr, Jahwe, also Gott selbst.

Im ersten Chronikbuch wird dieselbe Geschichte mit folgenden Worten eingeleitet: *„Und der Satan stellte sich gegen Israel und reizte David, dass er Israel zählen ließe. Und David sprach zu Joab und zu den Obersten des Volks: Geht hin, zählt Israel von*

Beerscheba bis Dan und bringt mir Kunde, damit ich weiß, wie viel ihrer sind.“ (1. Chronik 21,1 LUT 2017)

Wer reizte David und brachte ihn dazu, das Volk zählen zu lassen? Satan.

Vermutlich ist dieser Unterschied den meisten Bibellesern noch gar nie aufgefallen. Bei Samuel ist es Gott, der David zur Volkszählung verführt und in Chronik ist es Satan. Wie kommt solch ein Unterschied zustande? Wer war es denn nun? Man geht davon aus, dass die Samuelbücher vor oder während der babylonischen Gefangenschaft und die Chronikbücher danach geschrieben wurden. Und diese Zeit der babylonischen Gefangenschaft macht den großen Unterschied. Bis dahin galt in Israel ein strenger und konsequenter Monotheismus, also der Glaube an einen einzigen Gott. Dieser einzige Gott war die Ursache aller Geschehnisse und Erfahrungen des Lebens. Gott wurde das Gute und das Böse zugeschrieben, Gott war Urheber von Heil und von Unheil, von Leben und Tod, von Licht und Finsternis. In der babylonischen Gefangenschaft lernten die Juden nun die Religion des Priesters Zarathustra kennen. Im Gegensatz zum strengen Monotheismus des Judentums ist diese Religion dualistisch. Die Welt besteht durch die Spannung eines guten und eines dämonischen Geistes. Die Menschen stehen in der Herausforderung, sich mit ihrem freien Willen immer wieder für das Gute zu entscheiden.[19] In der Aufarbeitung dieser Erfahrung findet nun die Rolle des biblischen Satans ihren Platz im jüdischen Glauben. In der gesamten Tora findet sich keine einzige Erwähnung des Satans. Erst an dieser Stelle in 1. Chronik 21 erscheint der Satan zum allerersten Mal als eigenständige Person. Mit der Einführung eines personalisier-

---

19 Vergleiche Lexikon für Theologie und Kirche, Herder 1965, Bd.10, Spalte 1312.

ten *Widersachers* (was das hebräische Wort „Satan" eigentlich bedeutet) ist es nun möglich, menschliche Schicksalsschläge, Böses und auch schon die Versuchung zum Bösen nicht Gott, sondern einer weiteren Macht zuzuordnen. Der Text im Samuelbuch, bei der Gott David zur Volkszählung reizt, um ihn danach genau dafür zu bestrafen, ist nur schwer einzuordnen. Darum entwickelt sich beim Text in Chronik etwas weiter, und es wird die Figur des Satans eingeführt und einfach an die Stelle Gottes gesetzt. Nun ist es der böse Geist Satan, der David zur Volkszählung reizt, wodurch es zur Strafe Gottes kommt. Ist nun der Text in Samuel oder in Chronik wahr? Darum geht es gar nicht, sondern diese beiden Texte zeigen, dass sich innerhalb der jüdischen Religion und damit auch innerhalb der Bibel etwas verändert und weiterentwickelt hat.

Wer denkt, dass sich solche Weiterentwicklungen nur innerhalb des Alten Testamentes vollziehen, der hat sich getäuscht. Auch und gerade im Neuen Testament wird diese wichtige Weiterentwicklung sichtbar. Mein Lieblingsbeispiel ist der Kommentar Jesu zu einer alttestamentlichen Geschichte.

Beispiel 4: Wessen Geistes Kinder sind wir?

In den Königebüchern gibt es eine spannende Geschichte. Der König des Nordreiches Israel, Ahasja, erkrankt schwer und möchte nun einen heidnischen Götzen über sein künftiges Schicksal befragen. Die zu diesem Zweck ausgesandten Boten werden vom Propheten Elia abgefangen und mit einer Gerichtsbotschaft zum König zurückgesandt. Diese kündigt ihm den baldigen Tod an. Ahasja möchte das nicht auf sich sitzen lassen und schickt einen Obersten der Armee mit 50 Soldaten zu Elia, um ihn gefangen nehmen zu lassen. Als dieser Oberst zur Tat schreitet und den Mann Gottes festsetzen möchte, spricht Elia: *„Bin ich ein Mann Gottes, so falle Feuer vom Himmel und fresse* *dich und deine fünfzig Mann. Da fiel Feuer vom Himmel und fraß ihn und seine fünfzig Mann.“* (2. Könige 1,10 LUT 2017). Auch den nächsten Trupp an Soldaten, der geschickt wird, ereilt dasselbe Schicksal. Die Respektlosigkeit und der Angriff auf den Mann Gottes werden mit Feuer vom Himmel bestraft. Somit schildert diese alttestamentliche Stelle, wie Gott eingegriffen hat, als einer seiner Propheten beleidigt und bedroht wurde.

Szenenwechsel: Jesus befindet sich mit seinen Jüngern in Galiläa und möchte nach Jerusalem in Judäa reisen. Wenn man einen weiten Umweg vermeiden möchte, reist man auf kürzestem Wege durch das Gebiet Samaria. Nun muss man wissen, dass sich zur Zeit Jesu Juden und Samariter nicht besonders gut leiden konnten. Sie sabotierten und diskriminierten sich gegenseitig. So hatten die Samariter z. B. eine eigene Version der Tora, einen eigenen Tempel auf dem Berg Garizim und eine eigene Priesterschaft. Als es Abend wurde und Jesus eine Herberge in Samarien suchte, wurde er von den Bewohnern schroff abgewiesen. Schließlich hatte er den Jerusalemer Tempel als Ziel und nicht den ihren. Für die Jünger Jesu war klar, was man in solch einem Fall zu tun hatte. Wie bei Elia wird auch hier ein großer Prophet Gottes, der Messias, respektlos behandelt und beleidigt. Und nun dachten die Jünger total bibeltreu! Ganz im Geiste des Elia und damit auch im Geiste dieser alttestamentlichen Stelle machen sie Jesus folgenden Vorschlag: *„Da aber das seine Jünger Jakobus und Johannes sahen, sprachen sie: ‚Herr, willst du, so wollen wir sagen, das Feuer vom Himmel falle und verzehre sie, wie auch Elia tat.‘“* (Lukas 9,54 LUT 1964). Sinnvoll! Ist logisch! Total biblisch! Doch die Reaktion Jesu spricht Bände und zeigt ein weiteres Mal die gravierende Weiterentwicklung innerhalb der Bibel selbst. *„Jesus aber wandte sich und bedrohte sie und sprach: wisst ihr nicht, welches Geistes Kinder ihr seid? Des Menschen Sohn ist nicht gekommen, der Menschen Seelen zu ver-*

derben, sondern zu erhalten.“ (Lukas 9,55 f. LUT 1964). Was passiert denn hier? Anscheinend hatte Elia ganz im Sinne Gottes gehandelt, denn es fiel Feuer vom Himmel und tötete all diese Soldaten. Und hier behauptet Jesus, dass genau dieses Handeln, nämlich Feuer vom Himmel fallen lassen, um Menschen zu töten, nicht dem Geiste dieses Gottes entspricht. Kinder dieses himmlischen Geistes handeln nicht so. Indem Jesus seine Jünger tadelt und sie daran erinnert, wessen Geistes Kind sie sind, wird deutlich, dass das Handeln des Elia im Alten Testament gerade nicht dem Geist Gottes entspringt, obwohl es so ausdrücklich in der Bibel beschrieben wird.

In anderen Worten: In diesem alttestamentlichen Text über Elia weht ein anderer Geist als im Text in Lukas 9. Damit übt Jesus selbst Kritik an biblischen Versen und spricht ihnen ihre Göttlichkeit ab. Diese alttestamentliche Geschichte atmet nicht den Geist Gottes. Und trotzdem steht sie in der Bibel.

Es gibt manch andere Beispiele, von denen ich noch zwei kurz erwähnen, aber nicht vertiefen möchte:

- Im Alten Testament spielen Speisegebote und verschiedene Speisevorschriften eine wichtige Rolle im Rahmen der Frömmigkeit und Gottesverehrung. Im Neuen Testament erklärt Jesus alle Speisen für rein, und im Apostelkonzil werden diese Speisevorschriften neben manch anderen Gesetzen als ungültig erklärt.[20]

20 Levitikus 11,1-47; Markus 7,19; Apostelgeschichte 15,28 f.

- In der Tora werden Eunuchen[21] vom Gottesdienst und der jüdischen Gemeinde ausgeschlossen. Im Propheten Jesaja wird ihnen ganz bewusst ihre Zugehörigkeit und Gottes besondere Gunst zugesprochen. In der Apostelgeschichte ist es gerade ein Eunuch, der als erster nichtjüdischer Mensch zum Glauben findet und getauft wird.[22] Welch eine Entwicklung!

Alles ist Absicht, nicht alles Ansicht

Was bedeutet nun diese offensichtliche Entwicklung innerhalb der Bibel für unser Bibelverständnis? Gerade anhand des Beispiels von Jesus und Elia wird deutlich, dass wir Texte und Geschichten in der Bibel haben, die nicht dem Geiste und Willen Gottes entsprechen. Jesus macht deutlich, dass Gott nicht will, dass Feuer vom Himmel fällt und Menschen tötet. Hesekiel macht deutlich, dass Gott Schuld und Gerechtigkeit beim einzelnen Menschen sucht und nicht von den Vorfahren ableitet. Jesus predigt, dass wir auf Vergeltung verzichten sollen, obwohl sie im Alten Testament noch angeordnet wird. Das sind keine Widersprüche in der Bibel. Vielmehr wird hier ein Entwicklungsprozess im religiösen Verständnis der Menschen zum Ausdruck gebracht. Religiöses Bewusstsein ist nicht einfach vom Himmel gefallen. Religiöses Bewusstsein, Gottesvereh-

---

21 Als Eunuch wird ursprünglich ein kastrierter, d. h. künstlich zeugungsunfähig gemachter Mann bezeichnet. Vor allem die Haremswächter, aber auch andere Hofbeamte waren in vielen Ländern im Vorderen Orient Eunuchen. Die Kastration war für den antiken Menschen ein schwerwiegender Eingriff. Denn durch die Zeugungsunfähigkeit wurde das Fortleben in den Nachkommen unmöglich gemacht. In Israel war die Kastration bei Menschen und Tieren verboten. Eunuchen waren vom Gottesdienst im Tempel ausgeschlossen (vgl. 3. Mose/Levitikus 22,24; 5. Mose/Deuteronomium 23,2). Ein Eunuch durfte nur den äußeren Vorhof des Tempels betreten.

22 Deuteronomium 23,2; Jesaja 56,3; Apostelgeschichte 8,26 ff.

rung, Frömmigkeit, Gottesbilder und moralisches Verständnis entwickeln sich. Sie sind immer auch Abbild des Umfeldes und der Zeit, in denen Menschen sich befinden. Wir können uns nicht außerhalb unserer Zeit denken. Indem die Bibel religiöse Entwicklung in unterschiedlichen Texten abbildet, erkennen wir, woher wir kommen und wohin die Reise geht. Entwicklung ist immer der Weg auf ein Ziel hin.

Sobald sich Gott in Form eines Buches schriftlich offenbaren will, hat er ein Problem: Wann immer dieses Buch entsteht, befinden sich die Menschen auf einer bestimmten Entwicklungsstufe. Sie prägt ein bestimmtes Weltbild, Umfeld, religiöse, anthropologische und juristische Vorstellungen. Wer der Mensch ist, was Recht bedeutet und wie man Gott verehrt, wurde in der Menschheit nicht immer gleich beantwortet. Wenn Gott entscheidet, sich 1.000 Jahre vor Christus durch ein Buch in einer antiken Welt zu offenbaren, das antike Vorstellungen abbildet, dann ist der Vorteil, dass die Menschen zu jener Zeit die Texte dieses Buches verstehen. Denn die Texte stammen aus ihrer Zeit, sie bilden ihre Vorstellungen und ihr Weltbild ab und sind damit zugänglich. Wenn Menschen 3.000 Jahre später dieses Buch lesen, werden sie sagen: Was für ein primitives Buch, was für ein seltsames Weltbild, was für eine fehlerhafte Vorstellung von Sexualität und Fortpflanzung, was für eine absurde Astronomie und was für grausame Geschichten.

Hätte sich Gott aber 1.000 vor Christus entschieden, sich in einem Buch der Welt zu offenbaren, das unser heutiges Weltbild, unsere heutigen Erkenntnisse über Sexualität, Fortpflanzung, Astronomie, Atome oder Naturgesetze abbilden würde, dann wäre dieses Buch für uns zwar sehr verständlich und zugänglich, aber die Menschen zu seiner Entstehungszeit hätten es für Science-Fiction gehalten, vollkommen unglaubwürdig, dem Geist von Irren entsprungen.

Sobald Gott sich entschließt, sich zu irgendeiner Zeit zu offenbaren, kann er es nur falsch machen. Entweder zeigt er sich jener Zeit entsprechend und vergrault damit die Leser der Zukunft, für die das alles zu primitiv ist, oder er offenbart sich angepasst an die Erkenntnisse des 21. Jahrhunderts und macht damit aus der gesamten Bibel eine Apokalypse, die bis in die Neuzeit von niemandem verstanden worden wäre.

Die Bibel als antikes Buch bildet antike Vorstellungen ab und die Entwicklungsschritte in der Bibel zeigen die Richtung an, in die es gehen soll. In gewisser Weise kann ich meine gesamte Hermeneutik in einem Satz zusammenfassen:

> *Alles in der Bibel ist Absicht Gottes, aber nicht alles in der Bibel ist Ansicht Gottes.*

Ich glaube weiterhin, dass die Bibel Gottes inspiriertes Wort ist und alles, was wir darin lesen, dort *absichtlich* steht. Da hat sich nichts hineingeschlichen, das da nicht stehen soll. Aber deswegen ist noch lange nicht alles, was in der Bibel steht, auch Gottes *Ansicht,* sein Wille oder Ausdruck seines Heiligen Geistes. Manche Geschichte oder Aussage steht absichtlich in der Bibel, obwohl sie nicht der Ansicht Gottes entspricht. Aber Gott belässt solche Aussagen und Vorstellungen in der Bibel, weil sie uns zeigen, woher wir kommen und wohin die Reise geht. Entwicklung in der Bibel motiviert unsere eigene Entwicklung. Damit vermittelt die Bibel ein Grundprinzip: Glaube ist immer Entwicklung, Wachstum und Veränderung. Es ist gerade die Entwicklung in der Bibel, die das Überleben von Religion ermöglicht. Die Bibel hat zu allen Zeiten den Menschen durch ihre Geschichten etwas zu erzählen. Und weil die Bibel so sehr Absicht Gottes ist, bin ich fest davon überzeugt,

Alles in der Bibel ist Absicht Gottes, aber nicht alles in der Bibel ist Ansicht Gottes.

dass Gott mit dieser Bibel alles erreicht was er erreichen möchte. Er kann diese Worte und Sätze gebrauchen, um uns zu trösten, zu verändern, zu stärken, zu korrigieren, in sein Bild zu verwandeln oder zu ermutigen – ganz unabhängig davon, ob sie nun Fakten, Mythen, Geschichten, Gedichte oder antike Vorstellungen widerspiegeln.

Kopffüßler

Bei meinen Kindern gab es eine Entwicklungsphase, in der sie Kopffüßler gemalt haben.

Auf dieser Entwicklungsstufe gelingt es Kindern, zum ersten Mal Personen zu zeichnen. Allerdings sind diese Personen immer Kopffüßler. Kinder malen einen Kopf, an dem direkt zwei Füße ansetzen. Es gibt keinen Hals, keinen Brustkorb, keinen Bauch, keine Arme und auch keine Hände. All meine Kinder haben mich eine Zeit lang genau so gemalt. Ausnahmslos! Obwohl die Kinder mich anschauten und versuchten mich nachzumalen, übersahen sie den Großteil meines Körpers. War die Zeichnung meiner Kinder nun falsch? Ja und nein. Mit einem erwachsenen Verständnis von Anatomie sind die Zeichnungen zwar objektiv falsch, in den Augen meiner Kinder sind sie aber keineswegs verkehrt. Was die Kinder hier zeichnen, ist weder gelogen noch bösartig, sondern sie malen den Papa so, wie sie ihn in ihrer Entwicklungsstufe wahrnehmen und darstellen können. Ihnen fällt gar nicht auf, dass hier etwas fehlt. Auf ihrer Entwicklungsstufe mit ihrer Beobachtungs- und Wahrnehmungsfähigkeit sehen sie einfach nicht das Ganze und können erst recht nicht das Ganze zu Papier bringen.

Wir alle sind Kinder unserer Zeit und doch schreitet die Zeit voran und wir haben heute eine wesentlich umfassendere Wahrnehmung der Welt als die Menschen vor uns. Auch die Autoren der Bibel waren Kinder ihrer Zeit und Gott konnte sie nur im Rahmen ihrer Vorstellungen inspirieren. Daher gibt es für mich in der Bibel eine Menge Kopffüßler-Zeichnungen. Sind diese Zeichnungen unwahr oder gelogen? Nein! Sie bilden vielmehr ab, wie Menschen zu ihrer Zeit Gott und die Welt erkannt und wahrgenommen haben. Es fehlen ein paar wichtige Elemente, ein paar wichtige Informationen und Erkenntnisse. Darum haben wir Entwicklung in der Bibel, weil unser Wissen über Gott und die Welt voranschreitet. Die Bibel bildet dieses Voranschreiten im Rahmen ihrer Möglichkeiten ab.

Die Frage, die sich am Schluss stellt, ist worin die fortschreitende Gottesoffenbarung mündet? Gibt es einen Maßstab, der uns hilft, Entwicklung in der Bibel wahrzunehmen? Wie können wir entdecken was tatsächlich Ansicht Gottes ist und was nicht? Hierfür brauchen wir das nächste Kapitel, denn das hat viel mit unserem Gottesbild und Jesus zu tun.

Entwicklung in der Bibel in wenigen Worten

Die Bibel ist kein flaches Buch, bei dem alle Aussagen gleichwertig nebeneinanderstehen. Es gibt deutliche Entwicklungen darin. Durch diese Entwicklungen werden manche Vorstellungen, Gebote, Gottesbilder und religiöse Konzepte abgelöst durch neue und andere. So offenbart sich Gott fortschreitend. Um uns an dieser Entwicklung teilhaben zu lassen, ist alles in der Bibel Gottes Absicht, aber nicht alles Gottes Ansicht.

4. Unser Gottesbild

Warum Gott nie anders ist, als er sich in Jesus Christus gezeigt hat

Ich habe die Gewohnheit, während meiner Bibellese einen Text aus dem Alten Testament sowie einen aus dem Neuen Testament zu lesen. Vor einigen Jahren führte das dazu, dass zwei sehr gegensätzliche Beschreibungen Gottes mit voller Wucht aufeinandergeprallt sind.

Der Sadist

Meine alttestamentliche Bibellese bestand aus Deuteronomium 28. Dieses Kapitel beinhaltet abschließende Anweisungen des Mose an das Volk Israel kurz vor seinem Tod. Gott stellt das Volk vor die Wahl zwischen Segen und Fluch. Wenn das Volk Israel der Stimme ihres Gottes gehorcht, alle seine Gebote hält und sich von den Götzen der Heiden fernhält, dann würde es Gottes Freude sein, Israel zum höchsten aller Völker auf Erden zu machen. Sein Segen würde alles berühren, was ihr Leben betrifft: ihre Städte, ihre Äcker, ihre Ernte, ihr Vieh, ihre Kinder, ihre Gesundheit, ihre Kriege, ihren Wohlstand, das Wetter und ihr Ansehen in der Welt. Es wird ein allumfassender Segen versprochen.

Würden die Israeliten sich allerdings von den Geboten Gottes entfernen, anderen Göttern nachlaufen und ihnen dienen, dann würde gleichermaßen alles, was ihr Leben betrifft, verflucht werden. Und ab dann werden über fünfzig Verse lang die schrecklichsten Unglücke und Schicksalsschläge geschildert, die man sich nur vorstellen kann: Sie erleben Krieg, die Pest wird sie verfolgen, jede Form von Krankheit wird sie erreichen, Getreidebrand und Dürre wird ihre Felder heimsuchen, der

Regen wird ausbleiben, Infektionen bis hin zu Wahnsinn und Blindheit werden über das Volk kommen. Die Frauen werden geraubt, das Vieh von Feinden geschlachtet und die Kinder versklavt. Hunger, Durst und jede Form von Mangel werden ihr Leben kennzeichnen. Die Grausamkeit dieses Fluchs kommt vielleicht am deutlichsten in folgendem Vers zum Ausdruck: *„Der feinste und vornehmste Mann unter euch wird sein eigenes Kind verzehren, weil er sonst keine Nahrung findet. Und er wird nicht bereit sein, seinem Bruder, seiner Frau oder seinen übrigen Kindern etwas davon abzugeben – so groß ist seine Verzweiflung in der Zeit der Belagerung."* (Deuteronomium 28,54 HfA).

Als wäre das nicht schon schlimm genug, gipfelt das Ganze in einer sehr drastischen Aussage über Gott: *„Und so wie Jahwe seine Freude daran hatte, euch Gutes zu tun und euch zahlreich werden zu lassen, wird er seine Freude daran haben, euch zugrunde zu richten und euch zu vernichten."* (Deuteronomium 28,63 NeÜ)

Liest man diesen Vers im Hebräischen nach, dann steht hier beide Male dasselbe Wort[23]: *Freude* daran Gutes zu tun und *Freude* daran zu vernichten. Diese Verse beschreiben Gott als jemanden, der Freude am Zugrunderichten hat. Freude am Leid, am Schmerz, an der Krankheit, an der Not und der Agonie anderer. Es gibt einen Fachbegriff für die Freude am Schmerz anderer: *Sadismus*! Selbst wenn jemand sagen würde, dass es berechtigt ist, ein ungehorsames Volk zu bestrafen, kommt man nicht daran vorbei, dass der Text Gottes Freude und Genugtuung am Strafen und Vernichten schildert. In Deuteronomium 28 begegnete mir ein sadistisches Gottesbild.

Der Tröster

Einigermaßen verstört wechselte ich zum zweiten Teil meiner

23 Hebr. שׂישׂ (śjś: „sich freuen", „frohlocken").

Bibellese, einem Text in Lukas 7. Darin wird eine Geschichte geschildert, in der Jesus einer Sünderin begegnet. Simon, der Pharisäer, lädt Jesus zum Essen ein. Während sie zu Tische liegen, tritt eine Sünderin, also eine stadtbekannte Prostituierte, von hinten an die ausgestreckten Füße Jesu heran. Bei dieser Frau hatten sich Verzweiflung, Scham, Sünde, Einsamkeit, Verletzung und Verachtung angesammelt. Und kaum ist sie in der Nähe Jesu, bricht es aus ihr heraus, sie beginnt zu schluchzen und zu weinen, benetzt mit ihren Tränen Jesu Füße und trocknet sie mit ihren offenen Haaren. Dann küsst und salbt sie seine Füße mit Salbe. Während die anderen Gäste, allen voran der gerechte Pharisäer, die Frau verurteilen und es nicht fassen können, dass Jesus sich von ihr berühren lässt, sucht Jesus das liebevolle Gespräch mit ihr. Er schenkt ihr Zuwendung und Trost, würdigt ihr Verhalten, lobt ihre Liebe und spricht ihr Vergebung ihrer Sünden zu. Vielleicht kennen wir das von uns selbst. Manchmal haben sich so viel Frustration, Enttäuschung, Schmerz oder Zweifel in uns angestaut und dann treffen wir auf die richtige Person: die Eltern, eine gute Freundin, einen Seelsorger. Und die Gegenwart dieser vertrauenswürdigen Person lässt es aus uns herausbrechen, wir können unsere Tränen nicht mehr zurückhalten, wir dürfen uns öffnen und erleben tiefe Geborgenheit. Genau solch eine Person war Jesus für diese Prostituierte. Jesus ist für sie der sichere Ort. Das zeigt sich auch daran, dass er sie gegenüber all den Anklagen der übrigen Anwesenden in Schutz nimmt. In Lukas 7 begegnete mir Gott durch Jesus in seiner bedingungslosen Liebe und großem Erbarmen.

Welch ein Kontrast! Deuteronomium schildert einen sadistischen Gott, der kein Mitleid mit Sündern hat, sondern sie erbarmungslos mit seinem Fluch verfolgt und am Ende noch Freude darüber empfindet. In Jesus zeigt sich ein Gott, der einer Sünderin seine Nähe und Vergebung schenkt. Dabei war diese Frau genau solch eine Sünderin, vor der in Deuteronomium 28 gewarnt wurde. Jemand, der sich nicht an die Vorschriften Gottes gehalten hatte, sondern der Prostitution schuldig geworden war. Wenn die Pharisäer diese Frau als Sünderin bezeichneten, dann ist damit nicht gemeint, dass die Frau irgendwie gesündigt hatte und die Pharisäer sich dagegen sündlos fühlten. Nein, auch Pharisäer wussten, dass sie Sünder waren. Aber der Begriff „Sünderin“ oder „Sünder“ meint in neutestamentlicher Sprache nicht einen Menschen, der Sünden begeht, sondern denjenigen, der aufgrund seines Berufes zwangsläufig immer wieder etwas religiös Verbotenes tut. Jemanden, der mit Sündigen sein Geld verdient. Dazu gehörten die Zöllner, die Prostituierten, die Gerber (weil sie sich ständig an toten Tieren verunreinigten) oder jede andere Berufsgruppe, die sich durch ihre Profession an den Geboten Gottes versündigte.

Wie ist Gott denn nun? Soll Deuteronomium 28 unser Gottesbild prägen oder Lukas 7? Oder gilt einfach beides und mal ist Gott so und mal anders?

Unberechenbarkeit zerstört Vertrauen

Stellen Sie sich vor, ein Siebtklässler kommt von der Schule nach Hause mit einer glatten Sechs in der Mathearbeit[24]. Der Vater, der die Klassenarbeit unterschreiben muss, wird zornig, schreit sein Kind an, macht ihm Vorwürfe wegen seiner schlechten Note, verpasst ihm eine Ohrfeige, gibt ihm eine Woche Hausarrest, verlangt, dass täglich zwei Stunden Mathematik geübt werden und droht ihm, dass so etwas nie mehr vorkommen darf. Das Kind ist daraufhin total geknickt und eingeschüchtert.

---

24 Das ist die schlechteste Note im deutschen Schulsystem. Durch meine berufliche Zeit in der Schweiz ist mir bewusst, daß eine Sechs dort die beste Note ist.

Acht Wochen später kommt derselbe Schüler wieder mit einer Sechs in der Mathearbeit nach Hause. Diesmal reagiert der Vater allerdings liebevoll, nimmt sein Kind in den Arm, tröstet es, streichelt über seinen Kopf, macht deutlich, dass dies doch nicht schlimm sei und verspricht, es beim Lernen zu unterstützen.

Würde der Vater tatsächlich so unterschiedlich reagieren, wäre er vollkommen unberechenbar. Schlägt er nun zu nach der schlechten Note oder streichelt er über den Kopf? Macht er Vorwürfe oder tröstet er? Droht er oder hilft er? Das Kind weiß nicht, woran es bei diesem Vater ist. Der Vater hat zwei Gesichter: Mal ist er der Zornige, der kein Versagen duldet, und mal ist er der Liebevolle, der mit seiner Güte das Versagen zudeckt.

Wenn ein Vater zwei Gesichter hat, dann ist eines nicht mehr möglich: Vertrauen. Das Kind kann seinem Vater nicht mehr vertrauen, weil es nie weiß, welchem Vater es gerade begegnet. Es gibt den Vater in mehreren Versionen. Oft findet sich genau dieser Sachverhalt in Familien, in denen ein Elternteil Alkoholiker ist. Die Alkoholsucht macht Menschen unberechenbar. Kinder werden dadurch traumatisiert. Ihr Elternhaus ist ein Umfeld, in dem kein Vertrauen wachsen kann, denn man weiß nie, welcher Version des Elternteils man begegnet.

Vertrauen ist die wichtigste Währung unseres Glaubens. Glaube im Sinne von Vertrauen ist nur möglich, wenn es Gott nicht in mehreren Versionen gibt. Wenn ich nicht weiß, ob ich dem zornigen oder dem liebevollen, dem strafenden oder dem vergebenden, dem richtenden oder zugewandten Gott begegne, ist das Letzte, was gelingt, das Vertrauen. Man kann Gott dann nicht trauen. Wir müssen uns immer wieder deutlich machen, dass christlicher Glaube nicht bedeutet, mit dem Verstand bestimmten Dogmen oder Lehrüberzeugungen zuzustimmen im Sinne von: Ja, das glaube ich! Christlicher Glaube bedeutet,

Gott zutiefst zu vertrauen. Wenn im elften Kapitel des Hebräerbriefs eine Vielzahl von Menschen aufgezählt werden, die Gott glaubten, dann bestand ihr Glaube nicht in ihrer intellektuellen Zustimmung, sondern in einem tiefen inneren Vertrauen Gott gegenüber. Vertrauen kann sich nur entfalten im Angesicht charakterlicher Verlässlichkeit dessen, dem ich vertrauen soll. Wenn Gott mal wie ein Sadist ist und mal wie ein guter Hirte, dann zerstört dies das wichtigste Element unserer Gottesbeziehung, nämlich das Vertrauen. Ich muss mich darauf verlassen können, dass Gott ist, wer er ist, damit ich ihm vertrauen kann. Schon der Gottesname JHWH[25] bedeutet so viel wie „Ich bin, der ich bin". In anderen Worten: Du kannst dich darauf verlassen, dass ich so bin, wie ich bin. Ich bin berechenbar, eindeutig in meinem Charakter und in meinem Wesen. Das ist die Grundlage aller Gottesbeziehung und unseres Gottvertrauens.

Unterschiedliche Gottesvorstellungen

Ich entdecke gerade im Alten Testament sehr unterschiedliche Gottesvorstellungen. Gott ist liebevoll, barmherzig, gnädig, gütig, großzügig, fürsorglich, wie ein Hirte, wie eine Mutter oder wie ein Adler, der sich um die Jungen kümmert. Aber Gott ist auch zornig, beleidigt, eifersüchtig, ungeduldig, rachsüchtig, kriegerisch, gewalttätig, erbarmungslos und kleinlich. In diesem Sinne spiegelt für mich das Alte Testament an vielen Stellen antike Gottesvorstellungen wider. Wir kennen es von den antiken Religionen Kanaans bis zum Glauben der Griechen und Römer: Die Götter wurden oft anthropomorph[26] beschrie-

---

25 Ausgesprochen Jahwe oder Jachwe.

26 anthropomorph = von menschlicher Gestalt, menschenähnlich.

ben. Menschliche Eigenschaften wurden auf die Götterwelt übertragen. So konnten die Götter fürsorglich, barmherzig und liebevoll sein, ihre Laune konnte aber auch kippen und sie waren verärgert, eifersüchtig und rachsüchtig. Viele der antiken Opfersysteme sind nichts anderes als der Versuch, die Götter gnädig zu stimmen, damit man der liebevollen und fürsorglichen Version des Gottes oder der Göttin begegnet. Anders konnte man Götter lange Zeit nicht denken. Aber im Nachdenken über Gott oder die Götter haben sich neue Vorstellungen entwickelt. Und auch die Bibel bildet ein weites Feld antiker Gottesvorstellungen in ihren Texten ab. Darum schufen sich alle antiken Völker von ihren Göttern auch Abbilder und Bildnisse. Diese brachten oft zum Ausdruck, welches Wesen, welcher Charakter oder welche Eigenschaften einem Gott zu eigen sind. Götterstatuen sind immer auch Festlegungen. Menschen machen mit Gott eine Erfahrung und diese Gotteserfahrung zeigt ihnen, wie Gott ist, und durch ein Bildnis wird diese Eigenschaft Gottes in Stein gemeißelt.

Im Gegensatz zu den sonstigen Völkern wird dem Volk Israel nun aber verboten sich irgendein Abbild oder eine Statue ihres Gottes zu erstellen. Das ist bedeutsam. Das jüdische Bilderverbot spricht Bände! Ihre Gotteserkenntnis und vor allem ihr Gottesbild darf nicht in Stein gemeißelt werden. Es entwickelt sich, es verändert sich, es wächst je länger die Menschen mit diesem Gott unterwegs sind und wandelt sich damit auch. Dieser Gott ist zu groß, als dass man ihn nach einer bestimmten geschichtlichen Periode wie dem Auszug aus Ägypten oder dem Königtum Davids oder der babylonischen Gefangenschaft auf etwas Bestimmtes festlegen könnte. Zudem ist die menschliche Erkenntnisfähigkeit sehr eingeschränkt, weil der Mensch immer Kind seiner Zeit ist und nur im Rahmen seiner Weltanschauung auch seine Erfahrungen deuten kann. Darum muss sich auch unser Gottesverständnis entwickeln, weil wir Kinder unserer Zeit sind. Die Bibel bildet diese Entwicklung von Gottesvorstellungen ab. Und so kommt es, dass wir im Verlauf der biblischen Bücher sehr unterschiedliche Aussagen über Gott, sein Wesen und seinen Willen haben.

Gott vereindeutigt sich

Aber an einem bestimmten Punkt der Geschichte, als die Zeit erfüllt war, hat sich Gott entschlossen, sich der Menschheit in seinem tiefsten Wesen zu offenbaren. Gott offenbart sich in einer nie da gewesenen Art und Weise. *In der Menschwerdung, der Inkarnation Gottes, vereindeutigt sich Gott den Menschen gegenüber.* Es ist, als würde er sagen: „Bei all den verschiedenen Gottesvorstellungen wird es Zeit, den Menschen ein für alle Mal zu zeigen, wie ich wirklich bin. Ich möchte eine verlässliche Grundlage für ihre Gottesbeziehung und ihr Gottesvertrauen schaffen. Ich zeige mich eindeutig und lasse mich begreifen (im wahrsten Sinn des Wortes), indem ich selbst Mensch werde."

Gott wird nicht Mensch, damit er versteht, wie es sich anfühlt Mensch zu sein, sondern damit wir verstehen, welches Wesen und welchen Charakter Gott in sich trägt.

Gott wird nicht Mensch, damit er versteht, wie es sich anfühlt Mensch zu sein, sondern Gott wird Mensch, damit wir verstehen, welches Wesen und welchen Charakter Gott in sich trägt.

Jesus ist diese Vereindeutigung Gottes. An vielen Stellen im Neuen Testament wird das deutlich:

Einmal fragten die Jünger Jesus, er möge ihnen den Vater zeigen. Wie ist der Vater? Lass ihn uns erkennen. Im Johannesevangelium steht: *„Wenn ihr erkannt habt, wer ich bin, werdet ihr auch meinen Vater erkennen. Ja, ihr kennt ihn bereits; ihr habt ihn* *bereits gesehen." „Herr", sagte Philippus, „zeig uns den Vater; das genügt uns." – „So lange bin ich schon bei euch, und du kennst mich immer noch nicht, Philippus?" entgegnete Jesus. „Wer mich gesehen hat, hat den Vater gesehen. Wie kannst du da sagen: ‚Zeig uns den Vater'?"* (Johannes 14,7 ff. NGÜ)

Verständlicherweise möchte Philippus wissen, wie der Vater ist: Jesus, du bist doch so nah dran, erkläre uns, beschreibe uns, wie wir uns den Vater, also Gott, vorstellen müssen. Und Jesus macht deutlich, dass derjenige, der ihn gesehen hat auch den Vater gesehen hat. Es braucht keine weitere Offenbarung Gottes neben Jesus. Wer Jesus gesehen hat, hat Gott gesehen. Das genügt. Mehr muss man über Gott nicht wissen.

An anderer Stelle sagt Jesus: *„Und wer mich sieht, sieht den, der mich gesandt hat."* (Johannes 12,45). Und in Johannes 10,30 betont Jesus: *„Ich und der Vater sind eins."* Immer und immer wieder macht Jesus deutlich, dass er das Wesen Gottes sichtbar macht. Wer Jesus kennengelernt hat, hat auch Gott kennengelernt. Es braucht nicht mehr als Jesus, um zu wissen wer Gott ist.

Auch außerhalb der Evangelien wird dieser Gedanke aufgegriffen und vertieft:

Kolosser 1,15: *„Der Sohn ist das Ebenbild* (oder Abbild) *des unsichtbaren Gottes, der Erstgeborene, der über der gesamten Schöpfung steht."* (NGÜ) Dieses Abbild Gottes, das alle antiken Götter irgendwo stehen haben, genau dieses Abbild ist im christlichen Glauben keine Statue, sondern eine Person: Jesus Christus! Wer ihn sieht, der hat den Charakter und das Wesen Gottes gesehen.

Gott ist nic anders, als er sich in Jesus geoffenbart hat!

Kolosser 2,9: *„Dabei ist es doch Christus, in dem die ganze Fülle von Gottes Wesen in leiblicher Gestalt wohnt."* (NGÜ) In diesem Jesus wohnt die ganze Fülle von Gottes Wesen, nicht nur ein

Teil von Gottes Wesen. In Jesus haben wir nicht nur einen Teilabdruck Gottes vorliegen, sondern die gesamte Fülle von Gottes Wesen wird in Christus offenbart.

Man könnte auch sagen, dass Gott nie anders ist, als er sich in Jesus geoffenbart hat.

Jesus, der vollkommene Ausdruck von Gottes Wesen

Am schönsten und deutlichsten wird diese Tatsache im ersten Kapitel des Hebräerbriefes ausgedrückt: *„Viele Male und auf verschiedenste Weise sprach Gott in der Vergangenheit durch die Propheten zu unseren Vorfahren. Jetzt aber, am Ende der Zeit, hat er durch seinen eigenen Sohn zu uns gesprochen. Der Sohn ist der von Gott bestimmte Erbe aller Dinge. Durch ihn hat Gott die ganze Welt erschaffen. Er ist das vollkommene Abbild von Gottes Herrlichkeit, der unverfälschte Ausdruck seines Wesens.“* (Hebräer 1,1–3 NGÜ)

Vielmals sprach Gott, und Gotteserkenntnis entwickelte sich Stück für Stück – aber jetzt, als die Zeit erfüllt war, hat Gott sich endgültig geoffenbart. Jesus ist das vollkommene Abbild Gottes, der unverfälschte Ausdruck seines Wesens. Im Griechischen steht hier für „Abbild“ das Wort „Charakter“[27]. Im Altgriechischen bedeutet Charakter zunächst Prägestempel, die Prägung, die exakte Wiedergabe. Übertragen meint Charakter dann die vollkommene Kopie oder Darstellung aller Eigenschaften einer Person. Jesus bringt dieses Wesen Gottes zum Ausdruck und zwar vollkommen und unverfälscht. Wer Jesus sieht, ihn beobachtet und erlebt, der weiß, wie Gott ist. Der amerikanische Theologe Greg Boyd formuliert es treffend, wenn er sagt: „God looks like Jesus“ (dt.: Gott ist ganz genauso wie Jesus).

---

27 Das griechische Wort χαρακτήρ kommt exklusiv an dieser einen Stelle im Neuen Testament vor.

Gott ist nie anders, als er sich in Jesus gezeigt hat. Ich weiß, woran ich bei diesem Gott bin. Jesus zeigt glasklar, wie Gottes Wesen ist. Gott ist immer so, wie er sich in Jesus offenbart. Gott hat nicht noch ein anderes, zweites Wesen. Da gibt es nicht das Wesen Gottes, das sich in Jesus zeigt und daneben noch ein Wesen Gottes, das sich in irgendwelchen alttestamentlichen Geschichten zeigt.

Immer wieder höre ich den Einwand: „Ja, ja, Gott ist schon wie Jesus, aber er kann auch anders!" Aber Gott hatte in Jesus nicht einfach eine besonders gute Phase. Es gibt Gott nicht in mehreren Versionen. Da gibt es nicht den Gott des Alten Testaments, den Gott in Jesus und dann wieder den Gott der Offenbarung und des Endgerichts. Gott ist immer wie Jesus, denn Jesus ist der unverfälschte Ausdruck seines Wesens. Und wenn wir im Alten Testament auf Textstellen stoßen, in denen uns ein anderes Gottesbild begegnet, dann ist es unsere heilige Pflicht diese Textstellen im Lichte Jesu zu verstehen und zu interpretieren. Denn sie sind Ausdruck antiker Gottesvorstellungen, aber nicht Ausdruck davon, wie Gott wirklich ist!

Mir wird es mulmig, wenn ich einen Text lese wie in 1. Samuel 15: *„So spricht Jahwe, der Allmächtige: ‚Ich habe bedacht, was die Amalekiter Israel angetan haben, wie sie sich dem Volk in den Weg stellten, als es aus Ägypten heraufzog. Nun zieh gegen sie in den Kampf, schlage sie und vollstrecke den Bann an ihnen. Schone keinen, sondern töte Mann und Frau, Kind und Säugling, Rind und Schaf, Kamel und Esel!'"* (1. Samuel 15,2 f. NeÜ)

Ist auch dieser Text unverfälschter Ausdruck des Wesens Gottes? Ist das erbarmungslose Abschlachten der amalekitischen Männer, Frauen, Säuglinge und Herden Ausdruck vom Wesen Gottes? Für mich ist das ein inspirierter Text darüber, wie Menschen damals in ihrem religiösen Weltbild und Horizont Gott verstanden haben – nämlich als Kriegsgott, der sie auf ihren Feldzügen und Eroberungen begleitet und schützt. Sie hatten sogar einen Namen für diese Vorstellung eines Kriegsgottes, nämlich Jahwe Zebaoth, „Herr des Heeres“ oder „Herr der Heerscharen“.[28] Aber es ist kein Text darüber, wie Gott wirklich ist, denn Gott ist nie anders, als er sich in Christus geoffenbart hat. Wie kann Gott, der von Feindesliebe redet, die er am Kreuz auch vollzieht, davon reden, die Feinde auszurotten und die Schwangeren und Säuglinge abzuschlachten?

Aber weil die Bibel Entwicklung beschreibt, auch Entwicklung von Gottesbild und Gottesverständnis, gestattet es Gott, dass Menschen ihr religiöses Empfinden und Verständnis in der Bibel zum Ausdruck bringen. Es bildet weniger ab, wie Gott objektiv ist, sondern vielmehr, wie Menschen Gott als Kinder ihrer Zeit subjektiv verstanden haben und wo sie in der Entwicklung ihres Gottesverständnisses gerade standen. Die einzig objektive Darstellung Gottes findet sich im Leben von Jesus Christus. Wer ihn gesehen hat, der hat den Vater gesehen.

Ich lese also die ganze Bibel durch den Filter Jesu und lerne aus der Darstellung verschiedener biblischer Geschichten wie Menschen damals Gott verstanden haben, wie sich Glaube, Religion und Gottesbild entwickelt haben und entdecke dabei ganz stark meine eigene Entwicklung, mein eigenes Verhaftet-Sein in meiner Weltanschauung, meiner subjektiven Sicht der Dinge. Und ich bin Gott von Herzen dankbar, dass er sich entschlossen hat, ein lebendiges und unverfälschtes Abbild seines Wesens zu offenbaren in diesem Jesus von Nazareth und dessen Leben, Wirken, Lieben, Predigen, Sterben und Auferstehen. Gott offenbart sich endgültig in Christus. Endgültig in dem Sinne, dass es ein für alle Mal gilt und dem nichts hinzuzufügen ist.

---

28 Vergleiche den Lexikonartikel in „Die Religion in Geschichte und Gegenwart“, 3. Aufl., Tübingen 1957–1965.

Egal, welch noch so verstörende Geschichte mir im Alten Testament begegnet – ich lese sie mit dem Verständnis, dass Gott immer derselbe war, nämlich so, wie er sich uns in Jesus Christus geoffenbart hat. Das ist nichts anderes als eine christozentrische Hermeneutik, also eine Bibelauslegung, die Jesus und sein Wesen im Zentrum hat. Es wundert darum auch nicht, warum wir im Neuen Testament gleich vier Evangelien haben, also vier Berichte über das Leben Jesu. Sie ermöglichen uns ein möglichst umfassendes Bild seines Wesens und Charakters. Seine Reden, seine Gleichnisse, seine Heilungen, seine Wunder, seine Zuwendung und seine Begegnungen mit Menschen malen ein großartiges Bild vom Charakter Gottes. Und es ist ein Bild der Liebe.

Gott ist Liebe

Wenn Jesus der vollkommene Ausdruck von Gottes Wesen ist, wie lässt sich dieses Wesen denn beschreiben? Wie ist Gott denn, wenn er wie Jesus ist?

Der alte Apostel Johannes wagt es in seinem Brief, Gott als die Liebe zu bezeichnen: *„Wer nicht liebt, der kennt Gott nicht; denn Gott ist Liebe.“* (1. Johannes 4,8 LUT 2017) Und einige Verse später schreibt er: *„Wir haben erkannt, dass Gott uns liebt, und wir vertrauen fest auf diese Liebe. Gott ist Liebe, und wer in dieser Liebe bleibt, der bleibt in Gott und Gott in ihm.“* (1. Johannes 4,16 HfA)

Diese beiden Verse sind für mich der Gipfelpunkt neutestamentlicher Gotteslehre. Sie übersteigen alles, was die Bibel sonst über Gott zu sagen hat. Hier, von diesem höchsten Punkt aus, können wir die gesamte Bibel in einem vollkommen neuen Licht sehen. Nur wer liebt, kennt Gott wirklich, und nur wer in der Liebe bleibt, bleibt auch in Gott. Liebe ist die Eigenschaft

Gottes, die alles andere durchdringt. *Gott hat keine Liebe, er ist Liebe!* Liebe gehört nicht zum Repertoire eines „gerechten" Gottes, die er immer wieder hervorholt. Sie ist vielmehr sein Wesen, das jede seiner Taten völlig durchdringt. Liebe steht nicht in einem Spannungsverhältnis zu irgendwelchen anderen Eigenschaften Gottes, sondern sie ist die eine Eigenschaft Gottes, die alles andere bestimmt.

Immer wieder höre ich den Satz: „Gott ist Liebe, aber er ist auch gerecht!" Als würde Gottes Gerechtigkeit ein Gegensatz zu seiner Liebe sein. Gottes Gerechtigkeit ist immer Ausdruck seiner Liebe und verwirklicht sich nicht durch die gelegentliche Abschwächung oder Unterbrechung seiner Liebe. Gott muss nicht seine Liebe leiser stellen, wenn er gerecht sein möchte. Gerechtigkeit ist nicht das himmlische Korrektiv zu Gottes leidenschaftlicher Liebe. In unseren Köpfen haben wir manchmal mehr das Bild der griechischen Göttin Justitia als das des biblischen Gottes.

Mit unparteiischer Augenbinde hält Justitia in ihrer Hand die Waage, um jedem das Seine zuzuteilen. Professor Siegfried Zimmer sagt dazu: „Das europäische Verständnis von Gerechtigkeit gründet auf der griechischen und römischen Vorstellung der Justitia, jener Frau mit verbunden Augen, mit Waage und Schwert in der Hand. Ohne Ansehen der Person wägt sie Tatsachen ab und straft entsprechend. Ohne Strafe keine Gerechtigkeit. Richtig? Falsch! Jedenfalls nach biblischem Verständnis. Denn die Gerechtigkeit des christlichen Gottes sieht ganz anders aus. Vor ihr muss niemand zittern. Sie hat nichts mit Strafe zu tun. Im Gegenteil, sie versöhnt, baut Brücken zwischen Menschen und holt Ausgegrenzte zurück in die Gemeinschaft."[29]

Hinter Justitia steht die Vorstellung der ausgleichenden Gerechtigkeit. Unparteiisch und neutral bekommt jeder das, was er verdient. Aber das ist eher die Logik des Kapitalismus. Und oft entsteht der Eindruck, dass selbst Gott sich dem Recht und der Gerechtigkeit unterordnen muss. Gerechtigkeit wird zum höchsten Ordnungsprinzip der Welt. Dagegen kommt auch Gott nicht an. Auch er kann nicht immer so wie er will, denn über ihm steht immer noch das Prinzip der Gerechtigkeit. Aber die Göttin Justitia steht nicht über unserem Gott. Der Apostel Johannes formuliert hingegen das allem übergeordnete Prinzip, das dem Wesen Gottes entspringt: die Liebe.

Wenn man sich den Begriff Gerechtigkeit im Alten Testament genauer anschaut, dann ist sie gerade nicht die unparteiische und ausgleichende Gerechtigkeit, die jedem zuteilt was er verdient, sondern sie ist der leidenschaftliche Einsatz Gottes für die Armen, Unterdrückten, Entrechteten, Ausgestoßenen, Leidenden, Benachteiligten, Witwen und Waisen. Gottes Gerechtigkeit ist von seiner Liebe motiviert. Gott muß sich keiner höheren Gerechtigkeit verantworten. *Gerechtigkeit wird überall dort verwirklicht, wo die Liebe zum Zug kommt und das letzte Wort hat.* Diese Liebe ist nicht billig, sie hat nichts mit Romantik oder fehlenden Prinzipien zu tun. Sie ist das Anspruchsvollste und Herausforderndste, was der Glaube an Gott von uns fordert. Diese Liebe schütteln wir nicht aus dem Ärmel, sie verwirklicht sich nicht so nebenbei, sondern ist die wichtigste und entscheidende Aufgabe unseres Lebens mit Gott. Nur wer in der Liebe bleibt, bleibt in Gott; und nur wer liebt, kennt Gott.

---

29 Vortrag von Siegfried Zimmer zum Thema „Was ist Gerechtigkeit? – Eine Grundfrage der Menschheit" Worthaus 5.11.1 vom 30. Dezember 2015.

Gott ist nicht Zorn. Auch wenn Gott uns manchmal den Konsequenzen unseres eigenen selbstzerstörerischen Willens überlässt und wir dies als den Zorn Gottes verstehen können, bleibt es dabei, dass Gott nicht Zorn ist, sondern Liebe.

Gott ist keine blutrünstige Gottheit, die Opfer braucht, um gnädig gestimmt zu werden. Gottes Gunst und Liebe muss nicht durch blutige Opfer motiviert werden. Denn Gott ist die Liebe.

Gott ist nicht Gewalt. Obwohl Religion eine lange Geschichte der Rechtfertigung von Gewalt kennt, indem sie diese auf Gott projizierte, bleibt es dabei, dass Gott Liebe ist.

Gott ist kein Mörder. Obwohl viele das Buch der Offenbarung fälschlicherweise so lesen und denken, dass Gottes endgültige Lösung für die Sünde die Tötung des Großteils der Menschheit ist, bleibt es dabei, dass Gott kein Völkermörder ist, sondern die Liebe.

Und Gott unterhält auch keine ewige Folterkammer. Wie auch immer wir uns den Zustand verstorbener Seelen vorstellen, die zur Gottesbeziehung unfähig waren, bleibt es dabei, dass Gott kein sadistischer Folterer ist, der ewigen Schmerz zufügt. Gott ist Liebe.

Gottesbild in wenigen Worten

In der Bibel finden sich teils widersprüchliche Gottesvorstellungen. Sie sind Ausdruck verschiedener antiker Gottesbilder, die Einlass in biblische Texte gefunden haben. Vertrauen jedoch braucht Verlässlichkeit und Eindeutigkeit. In der Menschwerdung Jesu vereindeutig sich Gott. Wer Jesus sieht, der sieht den Vater. Jesus ist das vollkommene Abbild von Gottes Charakter. Demnach ist und war Gott nie anders, als er sich in Jesus Christus gezeigt hat.

5. Eros und Agape

Warum Gottes Liebe bedingungslos ist

Eine der Sternstunden in meinem Theologiestudium war eine Vorlesung von Professor Georg Huntemann. Wie niemand zuvor malte er für mich das Bild der bedingungslosen Liebe Gottes. Inspiriert hatte ihn dabei der aus Schweden stammende lutherische Theologe Anders Nygren. Dieser veröffentlichte im März 1930 ein Buch mit dem Titel „Eros und Agape".

Während wir im Deutschen höchstens zwischen Lieben und Liebhaben unterscheiden, kennt die griechische Sprache, in der das Neue Testament geschrieben ist, vier verschiedene Wortstämme für den Ausdruck „Liebe". „Stérgein das natürliche, eráo (Eros) das leidenschaftliche, philéo das freundschaftliche, und agapáo (Agape) das wertschätzende Lieben."[30] Besonders zu unterscheiden sind Eros und Agape. Der Begriff Eros kommt in der Bibel zwar kaum vor, er ist aber Ausdruck dessen, was bis heute immer wieder auf der ganzen Welt unter Liebe verstanden wird. Ganze Generationen sind von einer Eros-Vorstellung geprägt, wenn es um Liebe geht. Sie prägt unsere Familien, unsere Partnerschaften, unsere Leistungsgesellschaft und leider eben auch unseren Glauben.

Eros ist die sinnliche, leidenschaftliche, affektive[31] Liebe. Eros wird vom Wert seines Gegenübers bestimmt. Eros bemisst den Wert eines anderen Menschen und liebt entsprechend, je nachdem wie liebenswert jemand ist. Eros ist motivierte Liebe, sie muss ausgelöst werden von ihrem Gegenüber, indem dieses

---

30 Theologisches Begriffslexikon zum Neuen Testament, SCM R. Brockhaus; Bd. I (A–H) 1997, Seite 1319.

31 Affektiv = gefühlsbetont, durch Affekte gekennzeichnet, reflexartig.

nett, lieb, freundlich, höflich, hilfsbereit oder sympathisch ist. Eros ist das Streben nach dem, was einem fehlt und was man braucht. Eros ist in diesem Sinne keine selbstlose Liebe, sondern hat immer selbst etwas davon. Eros braucht einen Grund, für Eros müssen gewisse Bedingungen erfüllt sein, um lieben zu können.

Agape dagegen ist die wertschätzende und selbstlose Liebe, die göttliche Liebe. Sie ist durch Gönnen und Schenken bestimmt, sie ist zuvorkommend, es geht um den anderen. Sie kommt nicht zustande durch den Wert dessen, auf den sie sich richtet, sondern sie bringt Wert beim Geliebten hervor. Gottes Agape strömt in die Welt hinaus, sie ist gönnende Liebe.

Agape kommt nicht zustande durch den Wert dessen, auf den sie sich richtet, sondern sie bringt Wert beim Geliebten hervor.

Agape ist *grundlose Liebe*: man muss ihr keinen Grund liefern, um geliebt zu werden.

Agape ist *bedingungslose Liebe*: man muss keine Bedingungen erfüllen, um geliebt zu werden.

Agape ist *unmotivierte Liebe*: sie muss nicht durch unser Verhalten oder Sein motiviert oder ausgelöst werden.

Gott ist die Quelle der Liebe, alle Liebe kommt von ihm und sprudelt aus ihm heraus. Er muss sich nicht motivieren zu lieben oder seinen eigenen Liebestank von irgendwoher füllen. Wenn gesagt wird, dass Gott den Menschen liebt, so ist das kein Urteil darüber, wie der Mensch ist, sondern vielmehr ein Urteil darüber, wie Gott ist. Der Mensch liebt, wenn er etwas Liebenswertes vorfindet. Gott liebt und stellt damit beim anderen ewigen Wert her. Eros braucht immer einen Anknüpfungspunkt. Er ist Reaktion oder Reflex auf einen Liebesimpuls. Fehlt dieser Anknüpfungspunkt oder Impuls, kann auch nicht geliebt werden. Gott braucht keinen Liebesimpuls, um zu lieben. Dementsprechend kann Gottes Liebe auch nicht gesteigert werden. Agape ist immer maximale Liebe, weil sie durch nichts mehr begründet oder gerechtfertigt oder motiviert werden kann.

Frömmigkeit, Anständigkeit, Gehorsam oder Anbetung steigern nicht die Liebe Gottes zu uns. Gott braucht keinen Grund, um uns zu lieben oder mehr zu lieben. Daher kann man Gottes Liebe auch nicht verdienen. Genauso wenig verlieren. Gottes Liebe ist vorausgehende Liebe. Sie folgt keinem Auslöser, keinem Grund, keiner menschlichen Anstrengung. Sie ist bereits da. Anders Nygren schreibt: „Eros wird von der Qualität, der Schönheit und dem Wert seines Gegenstandes bestimmt; er ist nicht spontan, sondern ‚abgewonnen', ‚motiviert'. Agape ist souverän ihrem Gegenstand gegenüber, gilt sowohl ‚Bösen wie Guten', sie ist spontane, ‚quellende', ‚unmotivierte' Liebe."[32]

Agape ist daher im wahrsten Sinne des Wortes Feindesliebe. Diese Liebe kann auch den Feind lieben, weil sie nichts Liebenswertes oder Freundschaftliches vorfinden muss, um lieben zu können. Für Eros ist Feindesliebe vollkommen unmöglich, weil man am Feind nichts Liebenswertes findet – sonst wäre er ja nicht der Feind.

Nun hat das Erosmotiv auch unseren Glauben und unsere Gottesbeziehung geprägt. Als Christen wissen wir, dass wir Sünder sind und der Herrlichkeit ermangeln, die wir bei Gott haben sollten.[33] Aber irgendwie hoffen wir darauf, dass Gott in uns etwas sieht, das wir vielleicht selbst nicht sehen: einen guten oder liebenswerten Kern, einen Rest an gutem Willen, guter Absicht, Glauben, Gottessuche oder Hunger nach Gott. Und auf diesen Rest, auf diesen guten Kern konzentriert sich

---

32 Anders Nygren, Eros und Agape – Gestaltwandlungen der christlichen Liebe, 1930, Seite 186.

33 Römer 3,23

nun Gottes gesamte Aufmerksamkeit, weil er darauf seine Liebe beziehen kann. Sie begründet und rechtfertigt nun seine Liebe zu uns. An diesem guten Kern, auch wenn er noch so klein ist, kann Gott nun mit seiner Liebe anknüpfen. Gott liebt diesen frommen Kern und bringt ihn damit zum Wachsen. In der Berührung mit der Liebe Gottes wird dieser Rest an gutem Willen nun geheilt, wir werden wiederhergestellt, wir werden fromm und anständig und beginnen Gott zurück zu lieben und endlich wird auch Gott von uns geliebt.

Bei diesem Denkmuster sind wir verantwortlich für die Liebe Gottes. Wir liefern die erste Motivation, den ersten Grund und den ersten Anknüpfungspunkt für Gottes Liebe. Und wenn wir dann wieder in Sünde fallen, unser Glaube durch eine Krise geht, wir zweifeln oder nicht zu dem Einsatz in der Lage sind, den der Glaube von uns verlangt, dann schmälert das die Liebe Gottes. Gott findet ja weniger Gründe und Anknüpfungspunkte für seine Liebe. Er ist enttäuscht von uns und damit nimmt automatisch seine Motivation ab, uns zu lieben.

Aber Gott braucht keinen Anknüpfungspunkt. Agape braucht keinen Auslöser unsererseits. Denn Gott ist die Liebe. Die Liebe ist nicht etwas, das außerhalb von Gott steht und das er je nach Bedarf anzapft, wenn es jemand wert ist. Sonst funktioniert die christliche Liebe genauso wie in den antiken Religionen, bei denen die Menschen damit beschäftigt sind, ihre Götter ständig gnädig zu stimmen. Wir müssen den Göttern etwas Liebenswertes anbieten. Das Maß unserer Gottesverehrung und die Größe unseres Opfers bestimmen dann das Maß der Liebe Gottes. Das ist das Prinzip Aktion und Reaktion. Das ist Eros.

Und selbst wenn wir glauben, dass wir aus Gnade erlöst sind, bewirkt die Eros-Prägung, dass wir uns mindestens im Nachhinein dieser vorlaufenden Gnade Gottes als würdig erweisen wollen. Wir wollen Gott beweisen, dass er sich nicht in uns getäuscht hat. Und falls wir uns dieser Gnade nicht als würdig erweisen, verlieren wir auch Gottes Liebe, denn diese verliert damit ja ihre Begründung. Doch meine religiöse Anstrengung, wie auch immer sie geartet ist, löst nicht die Liebe Gottes aus, sondern Gottes bedingungslose und grundlose Liebe löst meine religiöse Anstrengung aus. Die Liebe ist nicht eine von vielen Eigenschaften Gottes neben seiner Gerechtigkeit, seiner Heiligkeit, seinem Zorn oder seiner Gnade. Und wir triggern keine dieser Eigenschaften Gottes mit unserem Verhalten. Nicht den Zorn Gottes, wenn wir sündigen oder böse sind, nicht die Liebe Gottes, wenn wir das Gute tun und rechtschaffen sind. Liebe ist keine Eigenschaft Gottes, die sich ablöst mit anderen Eigenschaften. Gott ist nicht außerhalb der Liebe denkbar. Weil Gott die Liebe ist, ist alles, was er tut, Ausdruck seiner Liebe. Das ist die Revolution des christlichen Glaubens im Gegensatz zu allen anderen Religionen. Keine andere Religion der Welt hat in ihrem Kern dieses Konzept der Agape.

Im Neuen Testament gibt sich insbesondere Paulus alle Mühe, uns aus diesem Kreislauf von Eros-Anbetung zu befreien. Im Römerbrief schreibt er: *„Wie sehr Gott uns liebt, beweist er uns damit, dass Christus für uns starb, als wir noch Sünder waren.“* (Römer 5,8 GNB). Gerade an dieser Stelle zeigt sich, dass Agape Feindesliebe ist. Gott kann den Sünder lieben, denjenigen, der ihm in Feindschaft gegenübersteht. Die Erfahrung der Liebe Gottes ist nicht das Vorrecht der Gläubigen, sondern das Vorrecht aller Menschen. Gottes Liebe geht all unserer Gottesverehrung voraus. Darum schreibt der Apostel Johannes: *„Wir lieben, weil Gott uns zuerst geliebt hat.“* (1. Johannes 4,19 GNB)

Und so kann Jesus das Verlorene suchen, zu Zöllnern und Sündern gehen, weil seine Liebe nichts vorfinden muss, um ausgelöst zu werden. Jesus liebt den Ungerechten, denn einen Gerechten kann jeder lieben. Explizit formuliert Jesus das im

Lukasevangelium, wenn es heißt: „*Doch euch, die ihr mir wirklich zuhört, sage ich: Liebt eure Feinde, tut denen Gutes, die euch hassen! Segnet die, die euch verfluchen! Betet für die, die euch beleidigen! ... Wenn ihr nur die liebt, die euch lieben, welche Anerkennung habt ihr wohl dafür verdient? Denn so handeln auch die Sünder. Und wenn ihr nur denen Gutes tut, die euch Gutes tun, welche Anerkennung habt ihr dafür verdient? Denn das tun auch die Sünder. ... Ihr aber sollt gerade eure Feinde lieben! Ihr sollt Gutes tun, ihr sollt leihen und euch keine Sorgen darüber machen, ob ihr es wiederbekommt. Dann wartet eine große Belohnung auf euch und ihr handelt als Kinder des Höchsten. Denn er ist auch gütig gegen die Undankbaren und Bösen. Seid barmherzig, wie euer Vater barmherzig ist!*“ (Lukas 6,27–36 NeÜ)

In diesem Text wird zum einen Eros beschrieben: die lieben, die mich lieben. Aber das kann jeder. Als Kind des Höchsten handelt man hingegen, wenn man den Feind liebt, wenn man Gutes tut, ohne Gutes vorzufinden, wenn man leiht, ohne etwas zurückzuerwarten. Gott ist gütig und barmherzig gegenüber Undankbaren und Bösen, weil Agape nichts vorfinden muss, auch keinen guten Kern. Agape verschenkt sich, ist selbstlos, braucht keine Gründe.

Aus der Eros-Vorstellung heraus stammt auch der Gedanke, dass Gott uns mit einem freien Willen geschaffen hat, damit wir ihn entsprechend aus freien Stücken lieben können und nicht als Marionetten[34]. Damit sich Gott geliebt fühlt, muss die Liebe ihm gegenüber aus Freiheit erfolgen. Das Fatale an dieser

---

34 So schreibt zum Beispiel Professor A. E. Wilder-Smith: „*Die Bibel lehrt, dass Gott selbst Liebe ist. Weil er selbst Liebe ist, sucht er Gegenliebe, reine, warme, echte Liebe unsererseits; denn die Liebe wird nur zufriedengestellt, wenn sie auf Gegenseitigkeit beruht, wenn sie erwidert wird. Er, der Bräutigam, umwirbt uns und möchte die Gegenliebe seiner Braut, der Menschen auf Erden, gewinnen.*“ (A. E. Wilder-Smith, Warum läßt Gott es zu? 1973).

Überlegung ist, dass Gott plötzlich ganz nach der Eros-Logik funktioniert. Gott wird plötzlich zu einem Wesen, das selbst geliebt werden möchte. Und damit wird die Erschaffung der Welt und die Erschaffung des Menschen zum Selbstzweck eines Gottes, der nach Liebe hungert. Seine Liebe ist dann keine gönnende oder selbstlose Liebe, sie ist nicht Agape, sondern sie ist Eros, weil sie mit dem Ziel liebt, selbst geliebt zu werden. Das mag zwar eine Hilfe für die Theodizee-Frage[35] sein, macht aber die ganze Idee der Agape Gottes zunichte.

Bereits früh in der Kirchengeschichte vermischen sich Eros und Agape. Augustinus entwickelt das Konzept der Caritas (lateinisch für Liebe) und man bemerkt in seinen Schriften eine Vermischung zwischen Erosmotiv und Agapemotiv. Und auch die mittelalterliche Mystik integriert das Erosmotiv. Man liebt Gott, sucht die Vereinigung mit ihm, versenkt sich in Gott und wählt sogar erotische Sprache für die Liebe zu Gott mit dem Ziel, dadurch Erleuchtung, Frieden, inneres Licht, Erkenntnis oder Ähnliches zu gewinnen. Die Liebe zu Gott ist zielgerichtet, motiviert und hat einen ganz speziellen Grund. Mit Martin Luther tritt hier eine klare Wende ein. Gott beschenkt die Menschen mit seiner Erlösung. Luther führt weg von der Werkgerechtigkeit, er entfaltet die Idee der Gnade und der vorausgehenden Liebe Gottes. In der Entdeckung der „Sola gratia“[36] erkennt Luther die Agape neu. Für Anders Nygren ist Luthers Reformation im Kern die Wiederentdeckung der Agape.

Wenn wir vom Charakter Gottes reden, dann müssen wir die Agape-Vorstellung im Herzen tragen. Agape ist das Wesen

35 Die Theodizee stellt die Frage nach der Gerechtigkeit Gottes. Gemeint ist, wie das Leiden in der Welt mit der Annahme zu vereinbaren sei, dass Gott sowohl allmächtig, allwissend als auch gut sei.

36 Sola gratia = Lateinisch: „allein aus Gnade“.

Gottes. Unser gesamtes Gottesbild darf geprägt sein von dieser Vorstellung der Liebe Gottes.

Gottes Liebe in wenigen Worten

Gottes Wesen ist Liebe. Jede andere Eigenschaft ist Ausdruck dieser Liebe. Gottes Liebe ist Agape. Im Gegensatz zu Eros ist sie bedingungslos, grundlos, unmotiviert und sucht nicht das Ihre. Gottes Liebe muss nicht an einem guten Kern in uns anknüpfen, nicht von Liebenswertem ausgelöst werden, sondern schafft Wert bei dem, auf den sie sich richtet.

6. Ethik oder Moral?

Warum christliche Moral oft so irrelevant geworden ist

Seit Jahrtausenden bis heute spielt Religion eine wichtige Rolle im Leben von Menschen. Religion beantwortet dabei zwei wichtige Fragen:

1. Was sollen wir glauben?
2. Wie sollen wir leben?

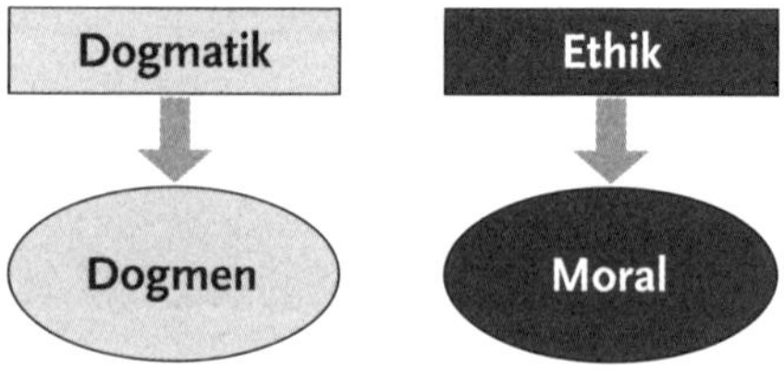

Dogmatik

Die Beschäftigung mit dem, was man glauben soll, nennt man im allgemeinen *Dogmatik* oder systematische Theologie. Dabei geht es um *Dogmen,* also um einzelne Glaubenssätze. Dogmatik ist die Summe aller Dogmen. Dogmatik hilft, einzelne Dogmen zu erarbeiten und abzuleiten. Dogmen versuchen Antwort zu geben auf die Frage, was Christen glauben oder wovon sie überzeugt sein sollen. Sie sind der Inhalt dessen, was christliche Lehre ausmacht. So gibt es ein Dogma über die göttliche und menschliche Natur Jesu. Wir machen dogmatische Aussagen über die Bedeutung des Kreuzestodes Jesu. Wir entwickeln Dogmen zur Taufe oder zum Abendmahl. Oder wir entwickeln einzelne Lehrsätze über die Funktion und Bedeutung der Kirche.

Ethik

Die Beschäftigung mit dem, was man tun und wie man sich verhalten soll, nennt man im allgemeinen *Ethik.* Dabei geht es um *Moral,* um Beurteilungskriterien für Gut und Böse, für Rein und Unrein, für Richtig und Falsch. Ethik hilft, einzelne moralische Anweisungen zu erarbeiten und abzuleiten. Sie versucht, Antwort zu geben auf die Frage, wie Menschen leben und entscheiden sollen und wie sie sich richtig oder gerecht verhalten können. So wäre es z. B. eine ethische Frage, ob ich meinen Mitmenschen belügen darf. Darf ich einen Menschen töten oder ist das nur im Kriegsfall oder in Notwehr erlaubt? Wie verhalte ich mich Fremden gegenüber? Ist Sexualität vor der Ehe erlaubt?

Nun haben wir allerdings ein Problem: Das Christentum hat sich sehr früh in besonderer Weise mit Dogmatik auseinandergesetzt. Dieser Schwerpunkt entstand ab dem vierten Jahrhundert unter Kaiser Konstantin. Als er und vor allem der spätere

Kaiser Theodosius das Christentum zur Staatsreligion machen wollten, musste geklärt werden, was Christen jetzt genau glaubten, im Gegensatz zur römischen und griechischen Religion. Bei verschiedenen Konzilen wurden Glaubenssätze festgelegt, also Dogmen. Und wer das Beschlossene nicht glaubte, wurde aus der Kirche ausgeschlossen oder sogar mit dem Tod bestraft. So konnte der Kaiser eine einheitliche, allumfassende Kirche schaffen. Interessanterweise wurde Zugehörigkeit zu Gott und zur Kirche über Glaubenssätze definiert und nicht über Handlungsbeschreibungen. Es wurde ein Glaubensbekenntnis verfasst und kein Verhaltenskodex. Angesichts unklarer und sich widersprechender Glaubensinhalte war es wichtiger, was man zu glauben hatte, als wie man sich verhalten sollte.

Seit der Reformation erlebten wir dann nochmals einen enormen Zuwachs an Dogmatik. Denn die Reformation hat den Glauben und die Lehre wiederentdeckt im Gegensatz zur Werkgerechtigkeit der mittelalterlichen Kirche. Die frommen Werke, durch die man sich angeblich den Himmel verdienen konnte, traten in den Hintergrund und lehrmäßige Inhalte, also was man glauben sollte, traten in den Vordergrund. Bernhard Lohse schreibt: „Die Epoche von der Reformation bis zur Aufklärung ist in theologischer Hinsicht gekennzeichnet durch das Vorherrschen der Orthodoxie, d. h. der reinen Lehre, die die klassischen großen dogmatischen Entwürfe auf dem Boden der Reformation hervorbrachte.“[37]

In dieser Betonung der Dogmatik und des Dogmas kam allerdings die Frage nach der Ethik zu kurz. Es wurden kaum ethische Grundlagen geschaffen, um zu wissen, wie wir handeln sollen. In weiten Teilen empfinde ich das Christentum

---

37 Bernhard Lohse, Epochen der Dogmengeschichte, Kreuz Verlag 1988, Seite 217.

heute als ethisch ungeübt und unerfahren. Es mangelt daher an befriedigenden Antworten auf viele ethische Fragestellungen.

Ethik oder Moral?

Christen beschäftigen sich vor allem mit Moral, aber kaum mit Ethik. Ethik ist das Übergeordnete, der Leitgedanke, das Prinzip hinter der Moral. Diese ethischen Leitprinzipien ermöglichen es zu jeder Zeit und in jeder Generation, neue Moral abzuleiten. Ethik ist zeitlos, Moral zeitbedingt. Ethik bleibt, Moral wandelt sich. Fehlen aber diese ethischen Leitprinzipien, dann gelingt es nicht, auf aktuelle Fragestellungen angemessene moralische Antworten zu finden. Moral beantwortet, *was* genau wir tun sollen, Ethik hingegen, *warum* wir genau so handeln wollen. Wenn uns die Ethik fehlt, haben wir nur noch Moral und sind nicht in der Lage, neue Moral abzuleiten. Darum fühlen sich so viele christliche Moralvorstellungen veraltet, unzeitgemäß, irrelevant, inkonsequent oder unreflektiert an. Es werden alte Regeln auf neue Situationen angewandt, anstatt mithilfe einer zeitlosen Ethik neue Regeln und Moral für neue Situationen abzuleiten.

Es werden alte Regeln auf neue Situationen angewandt, anstatt mithilfe einer zeitlosen Ethik neue Regeln und Moral für neue Situationen abzuleiten.

Unsere moralische Entscheidungsfindung stößt in der Bibel auf unterschiedliche Voraussetzungen:

Erster Fall: Wir stoßen auf eine moralische Frage, zu der die Bibel konkret etwas sagt, wozu es ein klares Gebot gibt. Das ist für uns der scheinbare Glücksfall, denn jetzt sind wir moralisch handlungs- und sprachfähig.

Der zweite Fall ist jedoch weitaus kniffliger: Wir stoßen auf eine moralische Frage, zu der die Bibel Widersprüchliches sagt:

Was sagt die Bibel z.B. zum Töten? Hier steht in den zehn Geboten: du sollst nicht töten[38]. Super! Ein klares Gebot und somit ist geklärt, wie wir handeln sollen. Nun gebietet Gott aber in derselben Bibel den Israeliten bei der Eroberung Kanaans ihre Feinde zu töten.[39] Also an der einen Stelle wird Töten verboten, an der anderer Stelle wird Töten geboten. Ganz so einfach scheint es also nicht zu sein, wenn man biblisch sein möchte. Und dann kommt Jesus und sagt in der Bergpredigt, dass man bereits tötet, wenn man seinen Mitmenschen schwer beleidigt.[40] Wir haben in ein und derselben Bibel zur Frage des Tötens also die gesamte Bandbreite von erlaubter Feindestötung bis zur verbotenen Beleidigung.

Der dritte Fall ist dann der, wenn die Bibel überhaupt nichts zu einem bestimmten Thema sagt, weil es zu biblischen Zeiten noch gar nicht relevant war. Wo sagt die Bibel etwas zu Spielcasinos, Haschischkonsum, Gentechnik, künstlicher Befruchtung, Sterbehilfe, zum Artensterben oder zu Ballerspielen? Hier fühlen wir uns unsicher und sind kaum sprachfähig. Oftmals sind wir dann sicherheitshalber dagegen oder tabuisieren das Thema. Lieber nichts riskieren. Wenn die ethischen Leitprinzipien fehlen, gelingt es nicht, mutig neue Moral abzuleiten, sondern man muss alle modernen moralischen Fragestellungen in mehr als 2.000 Jahre alte Gebote und Regeln hineinzwängen. Sie werden beantwortet mit völlig veralteten und wenig durchdachten Moralvorstellungen.

Aber die Bibel ist viel mehr als eine Sammlung moralischer Gebote und Anweisungen. Sie ist eine großartige, von Gott inspirierte Quelle unserer Ethik. Ein Buch, das uns konkret dabei

---

38 Exodus 20,13.

39 Z.B. Deuteronomium 2,31 oder 3,2.

40 Matthäus 5,22.

helfen kann, wie wir entscheiden und handeln sollen. Menschen wollen sich irgendwo abschauen, wie das Gute aussieht. Als Christen wollen wir Gott von Herzen gehorsam sein. Wir wollen nicht einfach eine Bibelstelle um die Ohren geknallt bekommen. Wir wollen erfahren, warum man so handeln oder entscheiden soll, welche großen Prinzipien und ethischen Grundlagen dahinterstehen. Nur so kann das Herz mitkommen und wir erstarren nicht im christlichen Pflichtgefühl oder in Gesetzlichkeit.

Heutige Menschen entscheiden nicht länger so, wie ihre Eltern entschieden haben oder wie es der Papst anordnet. Für viele Menschen hat das Christentum als Orientierungshilfe für ihr Handeln oder als moralische Institution längst ausgedient. Vielleicht orientieren sie sich für ihr Verhalten im besten Fall am Dalai Lama und im schlechtesten an rechts- oder linkspopulistischen Parteien. Vielleicht werden sie Veganer oder sind bei Greenpeace aktiv, um ethische Grundlagen und Werte in ihrem Leben zu verwirklichen. Vielleicht basteln sie sich ihre eigene Moral, der es aber an jeglicher Begründung und Konsequenz fehlt. Oder sie geben das ganze Unterfangen auf und leben einfach in den Tag hinein, lustorientiert, und tun, wozu sie gerade Bock haben.

Die Lösung dieser Situation heißt nicht, dass wir unsere alte Moral einfach kräftiger verkündigen und verbreiten sollten. Wir müssen uns endlich die Mühe machen, eine biblische Ethik zu entwickeln, die uns entscheidungsfähig macht und auch in schwierigen Fragen hilft, verantwortlich zu leben und dem Willen Gottes gerecht zu werden. Es geht um eine biblische Ethik, die uns hilft, selbst wenn die Bibel nichts Konkretes zu einem Thema sagt oder keine einheitliche moralische Aussage macht. Es geht um einen ethischen Kompass, der uns zeigt, in welche Richtung es geht und wo Gottes Herz schlägt. Wir begegnen so vielfältigen Meinungen und Überzeugungen, dass es immer schwieriger wird, sich zu orientieren. Meinungen aus unserer Gesellschaft heraus, aber auch ganz viele moralische Vorstellungen aus den verschiedenen christlichen Strömungen und der eigenen Prägung heraus. Inzwischen ist auf diesem Gebiet einiges geschehen und gerade in den letzten Jahren haben sich namhafte Theologen mit Fragen zu Ethik und Moral auseinandergesetzt.[41]

In einer Kurzfassung möchte ich es trotzdem versuchen, einige ethische Prinzipien herzuleiten.

Das alttestamentliche Judentum

In weiten Teilen hat das jüdische Alte Testament dieses Anliegen nach Orientierung nicht dadurch gelöst, dass es eine gute Ethik entwickelt hat, sondern es hat die Frage nach richtigem Verhalten moralisch gelöst. Die Juden im Alten Testament haben ihr gesamtes Leben mit Geboten und Regeln versehen. Diese Gebote sollten genau beschreiben, wie man sich in den unterschiedlichsten Situationen zu verhalten hatte. Dadurch sollte ein Schutzzaun vor Unreinem und Ungehorsam aufgerichtet werden. Dieser Schutzzaun umfasste die 613 Gebote und Verbote der Tora, also der fünf Bücher Mose.[42] Wo das nicht ausreichte, hat man diese 613 Gebote nochmals mit Hunderten von weiteren Geboten in der sogenannten mündlichen Tora versehen. So wurde das eine Sabbatgebot aus den Zehn Geboten mit 1521 weiteren Geboten versehen, die so gut wie

---

41 Ich verweise hier auf das Buch von Thorsten Dietz und Tobias Faix: Transformative Ethik – Wege zum Leben: Einführung in eine Ethik zum Selberdenken, Neukirchener Verlag, 2021.

42 Eine Liste mit allen 613 Ge- und Verboten findet sich zum Beispiel hier: https://www.talmud.de/tlmd/die-ge-und-verbote-nach-maimonides/.

jeden Fall des Alltags regeln sollten. Mit so viel Moral kann doch nichts mehr schief gehen, oder? Leider doch. All diese moralischen Regeln und Forderungen verhalfen dem Volk Israel nicht zu besonderer Heiligkeit und Gerechtigkeit. Immer wieder mussten die alttestamentlichen Propheten den Ungehorsam des Volkes anklagen und nicht zuletzt sind die assyrische und babylonische Gefangenschaft Ausdruck des schrecklichen Versagens und Scheiterns des Volkes in seinem Gehorsam Gott gegenüber.

Leider läuft es unter uns Christen oft genauso. Wir fühlen uns sicher, auf Distanz zur Sünde, wenn wir genügend Gebote in unserem Glauben aufstellen. Und so bekommen wir auf unserem Weg als Christen viele moralische Regeln mitgeliefert, die wir so lange versuchen einzuhalten, bis sie nichts mehr taugen oder so veraltet sind, dass kein Mensch sie noch einhalten will. Außerdem befeuern diese vielen Regeln und Gebote christliche Gesetzlichkeit, die wir so oft antreffen. Mit Ethik hat das nichts zu tun. Das ist reine Moral. Ethik ist nicht die Anhäufung von vielen Ge- und Verboten, sondern das Erarbeiten einiger entscheidender Prinzipien, das Formulieren von großen Werten, die unser gesamtes Verhalten und Tun prägen sollen. Wir sollten uns in der Bibel also auf die Suche danach machen. Aber stattdessen streiten Christen seit jeher um Moral und um Bibelstellen. Es reicht eben nicht, nur einen Bibelvers zu zitieren, zu dem dann irgendjemand Schlaues einen Gegenvers findet. Die Bibel und vor allem das Leben und Handeln Jesu sind uns geschenkt, um die Ethik des Himmels zu entdecken. Das ist so viel wichtiger, als den Menschen einen weiteren Katalog an Geboten auszuhändigen, deren Halbwertszeit immer kürzer wird. Viele Gemeinden und Christen sehnen sich händeringend danach, dass jemand den Mut hat, diese ethischen Prinzipien zu formulieren, weil die dauernde moralische Flickschusterei immer unglaubwürdiger wird und die Menschen unsere Doppelmoral satthaben.

Gleichzeitig ertappe ich mich dabei, dass mir manchmal Moral lieber ist als Ethik. Es ist eben anstrengender, sich selbst Gedanken zu machen, Verantwortung zu übernehmen, bei aktuellen Fragestellungen Prinzipien anzuwenden und Verhaltensweisen abzuleiten. Da ist es doch bequemer, einen Katalog mit Geboten zu haben, die man stur und ohne groß nachzudenken befolgen kann. Zum anderen würde ich manchmal Leuten, die es mit ihrem christlichen Gehorsam nicht so ernst nehmen, gerne sagen, was sie zu tun und zu lassen haben. Gerne würde ich ihnen ein paar Gebote um die Ohren hauen und zeigen, wo der Hammer hängt! Aber das führt kaum zu größerer Mündigkeit und geistlichem Wachstum.

Ethische Prinzipien

Im Folgenden möchte ich versuchen einige ethische Prinzipien aus der Bibel herauszuarbeiten. Ethische Prinzipien entdecken wir in der Bibel überall dort, wo Regeln, Gebote, positive Verhaltensweisen und dergleichen zusammengefasst oder prinzipiell dargestellt werden. Damit machen die biblischen Autoren deutlich, worum es grundlegend und im Wesentlichen geht.

Die Zehn Gebote

Eine erste solche Zusammenfassung stellen die Zehn Gebote (Dekalog) dar, die sich gleich zweimal in der jüdischen Tora finden (Exodus 20 und Deuteronomium 5): *„Ehre deinen Vater und deine Mutter, dann wirst du lange in dem Land leben, das ich, der HERR, dein Gott, dir gebe. Du sollst nicht töten! Du sollst nicht die Ehe brechen! Du sollst nicht stehlen! Sag nichts Unwahres über deinen Mitmenschen! Du sollst nicht begehren, was deinem Mitmen-*

schen gehört: weder sein Haus noch seine Frau, seinen Knecht oder seine Magd, Rinder oder Esel oder irgendetwas anderes, was ihm gehört.“ (Exodus 20,12–17 HfA)

Die Zehn Gebote gehen allen weiteren Geboten voraus. Sie stellen ihre Grundlage und die Ausgangsbasis dar. Von all den 613 Geboten in der Tora werden hier sechs Verhaltensweisen im Umgang mit anderen Menschen besonders hervorgehoben. Man könnte auch sagen, dass alle weiteren Gebote die Ausführung oder Konkretisierung dieser zehn großen Grundprinzipien darstellen. Sie zeigen auf, was es bedeutet, nicht zu töten, nicht die Ehe zu brechen oder nicht die Unwahrheit zu sagen. Die Zehn Gebote sind damit eine großartige ethische Grundlage, ein Orientierungspunkt für menschliches Verhalten untereinander. Wie würde unsere Welt aussehen, wenn wir uns tatsächlich an diese Gebote halten würden?

1. Prinzip – Ausgehend von den Zehn Geboten wäre eine erste ethische Fragestellung: Entspricht dieses Tun oder Verhalten der Grundidee der Zehn Gebote?

Wir müssen dieses erste Prinzip aber unbedingt mit weiteren ergänzen und werden gleich noch sehen, dass Jesus sogar bereit war, von der Verurteilung eines Menschen abzusehen, obwohl eines der Zehn Gebote missachtet wurde. Offenbar spielt bei den ethischen Prinzipien das Thema Barmherzigkeit eine entscheidende Rolle.

Gerechtigkeit, Barmherzigkeit und Demut

Auch im Propheten Micha finden wir solch eine Zusammenfassung. Sein prophetisches Wort sollte zum Ausdruck bringen, worauf es im Leben mit Gott tatsächlich ankommt: *„Es wurde dir, Mensch, doch schon längst gesagt, was gut ist und wie*

Gott möchte, dass du leben sollst. Er fordert von euch nichts anderes, als dass ihr euch an das Recht haltet, liebevoll und barmherzig miteinander umgeht und demütig vor Gott euer Leben führt.“ (Micha 6,8 NL). Gerechtigkeit üben, die Barmherzigkeit lieben und bescheiden leben bringen die Werte des Himmels zum Ausdruck.

Hierbei ist es wichtig wahrzunehmen, dass der Begriff Gerechtigkeit im Alten Testament nicht unserer modernen Vorstellung der ausgleichenden Gerechtigkeit entspricht, wo jeder das bekommt, was er verdient (vergleiche Kapitel 5). Gerechtigkeit im Alten Testament bedeutete in den meisten Fällen gerechte Behandlung für den Unterdrückten, Armen, Ausgenutzten, Versklavten. Also Menschen, die der Rechtlosigkeit ausgeliefert waren oder deren Grund- und Menschenrechte verletzt wurden. Menschen, die eine zutiefst ungerechte Behandlung erfuhren und darum hungerten nach Gerechtigkeit. In dem Sinne ist die Gerechtigkeit Gottes sein Einsatz für all diejenigen, die ungerecht behandelt werden. In unseren Köpfen geistert meistens die Vorstellung herum, dass Gottes Gerechtigkeit vor allem mit seinem Gericht zu tun hat, wo der Sünder bestraft und dadurch die Heiligkeit wiederhergestellt oder geschützt wird. Gerechtigkeit wird dann zum juristischen Akt und verliert ihre barmherzige Bedeutung. Klaus Grünwald schreibt dazu im Theologischen Begriffslexikon zum Neuen Testament: „Wenn von Gottes/Jahwes Gerechtigkeit(en) gesprochen wird, so ist damit nicht sein Richten gemeint, sondern sein heilvolles Wirken zugunsten seines Volkes.“[43] Gottes Gerechtigkeit meint damit vor allem sein Heilshandeln und seine Heilstaten an seinem Volk und all denen, die sich in heillosen Zuständen vorfinden.

---

43 Klaus Grünwald, Theologisches Begriffslexikon zum Neuen Testament, Witten 2010, Seite 731.

Exkurs: Jesus und die Ehebrecherin

Besonders eindrücklich schildert eine Geschichte im Johannesevangelium die Vorstellung einer Gerechtigkeit, die sich in Barmherzigkeit ausdrückt.[44] Sie handelt davon, wie eine Frau auf frischer Tat beim Ehebruch ertappt wird. Man bringt sie zu Jesus, der ein Urteil über sie fällen und damit seine Treue zur Tora unter Beweis stellen soll. Im Gegensatz zur Erwartung der Gesetzeslehrer verurteilt Jesus diese Frau nicht, sondern erweist ihr Barmherzigkeit und entlässt sie ungestraft. Ein Blick auf den historischen Hintergrund dieser Geschichte kann verständlich machen, warum Jesus in dieser moralischen Frage so entscheidet.

---

44 Joh. 8,2–11: *„Am nächsten Morgen kehrte er sehr früh zum Tempel zurück. Alle Leute dort versammelten sich um ihn. Er setzte sich und sprach zu ihnen über den Willen Gottes. Da führten die Gesetzeslehrer und Pharisäer eine Frau herbei, die beim Ehebruch ertappt worden war. Sie stellten sie in die Mitte und sagten zu Jesus: ‚Lehrer, diese Frau wurde ertappt, als sie gerade Ehebruch beging. Im Gesetz schreibt Mose uns vor, dass eine solche Frau gesteinigt werden muss. Was sagst du dazu?‘ Mit dieser Frage wollten sie ihm eine Falle stellen, um ihn anklagen zu können. Aber Jesus bückte sich nur und schrieb mit dem Finger auf die Erde. Als sie nicht aufhörten zu fragen, richtete er sich auf und sagte zu ihnen: ‚Wer von euch noch nie eine Sünde begangen hat, soll den ersten Stein auf sie werfen!‘ Dann bückte er sich wieder und schrieb auf die Erde. Als sie das hörten, zog sich einer nach dem andern zurück; die Älteren gingen zuerst. Zuletzt war Jesus allein mit der Frau, die immer noch dort stand. Er richtete sich wieder auf und fragte sie: ‚Frau, wo sind sie geblieben? Ist keiner mehr da, um dich zu verurteilen?‘ ‚Keiner, Herr‘, antwortete sie. Da sagte Jesus: ‚Ich verurteile dich auch nicht. Du kannst gehen; aber tu diese Sünde nicht mehr!‘* (GNB).

Unsere Geschichte spielt im jüdischen Tempel.[45] Sehr früh am Morgen findet sich Jesus im sogenannten Vorhof der Frauen ein, um das anwesende Volk zu lehren. Die Begegnung zwischen Jesus und der Ehebrecherin spielt am Morgen nach dem Ende des siebentägigen Laubhüttenfestes.[46] Der siebte Tag dieses Festes war der großartigste. Ein altes jüdisches Sprichwort sagte: „Wer die Ausgelassenheit jenes Festtages nicht gesehen hat, der hat sein Leben lang keine richtige Fröhlichkeit gesehen." Und vor allem die letzte Nacht! Festbeleuchtung auf dem Tempelberg, auf allen Plätzen, in jeder Straße, in jedem Haus. Diese Nacht war laut wie eine Silvesternacht und ausgelassen wie der rheinische Karneval. Besonders fromme Rabbis vollführten akrobatische Fackeltänze zur Ehre Gottes und zur Freude der Pilgermassen. Diese gab es beim Laubhüttenfest zu Tausenden aus aller Welt. Jeder Jude musste zu den jährlichen Hauptfesten in Jerusalem erscheinen, egal wo er in Israel wohnte.

Natürlich war während dieser letzten Nacht die jüdische Sittenpolizei ständig unterwegs. Im Vorhof der Frauen kam es immer wieder zu Zwischenfällen. Irgendwann hat man dann die Frauen auf die Empore verbannt, damit Männer und Frauen sich nicht ständig begegneten. Die Spürhunde, die die Frau in unserer Geschichte verhaftet hatten, waren die Pharisäer und

---

45 Mit Tempel war meist der gesamte Tempelbezirk gemeint. Das trapezförmige Tempelareal war mit seinem Umfang von 1,5 Kilometern und einer Fläche von 14 Hektar größer als alle vergleichbaren Kultstätten der Antike. Jesus hielt sich im sogenannten Vorhof der Frauen auf. Vorhof der Frauen bedeutet nicht, dass dort nur Frauen sein durften, sondern auch Frauen. Wenn die Männer zum Vorhof der Israeliten gelangen wollten, zu dem nur Männer Zutritt hatten, mussten sie den Vorhof der Frauen durchqueren.

46 Joh. 7,37: *„Am letzten Tag, dem Höhepunkt des Festes, stellte Jesus sich hin und rief der Menge zu: ‚Wenn jemand Durst hat, soll er zu mir kommen und trinken!'"*

Schriftgelehrten. Sie wollten Tag und Nacht nach dem Rechten sehen, erfüllt von brennender Sorge um das Seelenheil ihrer Zeitgenossen sowie die Reinheit des öffentlichen und privaten Lebens. In dieser Nacht machen die bewährten Sittenwächter einen hübschen Fang: Ein junges Mädchen wird in den Armen eines fremden Mannes überrascht. In einem großen Geleitzug führt man sie zum Gerichtshof. Sie weiß, was ihr bevorsteht, denn Mose hat darüber klar Auskunft gegeben: *„Trifft ein Mann in der Stadt eine junge Frau, die mit einem anderen verlobt ist, und er schläft mit ihr, dann sollt ihr die zwei aus der Stadt bringen und steinigen. Beide müssen sterben: die junge Frau, weil sie nicht um Hilfe gerufen hat, obwohl sie in der Stadt war, und der Mann, weil er sich an der Braut eines anderen vergriffen hat.“* (5. Mose 22,23 HfA). Wenn eine Frau des Ehebruchs *verdächtigt* wurde, dann musste man sie nach alttestamentlicher Vorschrift „vor den Herrn“ stellen: mit zerzausten Haaren wurde sie öffentlich an das Nikanortor[47] gestellt und dann durch ein geheimnisvolles und fluchbringendes Wasser geprüft, das ihre Schuld oder Unschuld eindeutig an den Tag bringen sollte.[48] In unserer Geschichte ist dies nicht nötig: Die beschuldigte Frau wurde ja auf frischer Tat ertappt und auf der Stelle verhaftet. Bei ihr braucht es kein Testwasser, um den Verdacht des Ehebruchs zu bestätigen. Sofort will man sie zur Steinigung führen.

---

47 Den Durchgang von einem Vorhof zum anderen bildete das Nikanortor. Fünfzehn Stufen führten zu diesem Tor hinauf und wenn man davorstand, sah man geradewegs vor sich das Tempelgebäude mit dem Allerheiligsten. Darum lautete eine geläufige Formel aus jenen Tagen: „Wer am Nikanortor steht, der steht vor dem Herrn.“ Vieles, was zur damaligen Zeit „vor dem Herrn“ geschehen musste, spielte sich an diesem Nikanortor ab: egal ob die Beurteilung eines gereinigten Aussätzigen oder ein Gottesurteil bei Verdacht auf Ehebruch. Vgl. Ethelbert Staufer, Jesus war ganz anders, Hamburg 1967, Seite 123 ff.

48 Vgl. 4. Mose 5,16 ff.

Hierzu muss man Folgendes wissen: Nach damaliger Rechtsauffassung war Steinigung die spezielle Todesstrafe für den Ehebruch einer untreuen Braut, also einer *Verlobten*. Untreue Ehefrauen hingegen wurden nicht gesteinigt, sondern erdrosselt.[49] Wäre das Mädchen noch Jungfrau gewesen, also weder verlobt noch verheiratet, dann hätte es sich auch nicht um Ehebruch gehandelt. Vielmehr hätte sie den Mann heiraten und der seinerseits dem Vater den Brautpreis bezahlen müssen.[50] Zur Zeit Jesu wurde ein Mädchen von den Eltern gewöhnlich mit zwölf Jahren verlobt und mit dreizehn Jahren verheiratet, also mit dem Beginn der Geschlechtsreife. *Für unsere Geschichte heißt das, dass dieses Mädchen, das sie Jesus vorführten, verlobt und damit höchstens dreizehn Jahre alt war.*

Man kann sich den Ablauf also folgendermaßen vorstellen: Es herrscht touristischer Hochbetrieb in der Laubhüttenwoche und zudem das ausgelassene Faschingstreiben der letzten Nacht. Und mitten in diesem Trubel ist ein junges Mädchen – so anziehend, dass der Mann gleich aufs Ganze geht, so hilflos und unerfahren, dass sie auf der Stelle erwischt und festgenommen wird. Wenn diese Frau auf frischer Tat ertappt wurde,

---

49 Vgl. Wörterbuch des jüdischen Rechts, Neudruck 1980 der im „Jüdischen Lexikon" (1927–1930) erschienenen Beiträge von Marcus Cohn, zitiert bei Forschungsstelle Rabbiner Gabriel Müller, http://www.juedisches-recht.de/lex_str_todesstrafe.php.

50 2. Mose 22,16 f.: *„Wenn jemand eine noch nicht verlobte junge Frau verführt und mit ihr schläft, muss er den Brautpreis bezahlen und sie heiraten. Falls sich ihr Vater weigert, sie ihm zu geben, muss er ihm dennoch den üblichen Brautpreis für ein unberührtes Mädchen bezahlen."*
Hier wird deutlich, dass es sich bei der Frage der außerehelichen Sexualität nicht um eine moralische, sondern um eine besitzrechtliche Angelegenheit handelt. Frauen wurden als Besitz ihres Mannes oder ihres Vaters angesehen. Durch außereheliche Sexualität wurde nun dieses Besitzrecht verletzt, was dann bestraft oder mit einer Geldforderung ausgeglichen werden musste.

dann muss da ja auch ein Mann gewesen sein. Zur frischen Tat gehören beim Ehebruch bekanntlich immer zwei. Wo steckt er? Warum wird dieser Mann nicht vorgeführt? Nach alttestamentlichem Recht hätte auch er die Todesstrafe erleiden müssen. Hier drückt die Sittenpolizei ein Auge zu. Schweigende Solidarität der Männer und Richter, wenn es um den Schutz eines Mannes geht, lärmende Solidarität der Männer und Richter, wenn es um die Bestrafung einer Frau geht. An diesem Verhalten hat sich seit 2.000 Jahren in vielen Teilen der Welt nur wenig verändert.

Die Schriftgelehrten bringen diese Frau nicht direkt zur Steinigung vor die Stadt, sondern erst zu Jesus. Sie suchen nach einer Möglichkeit, ihn in die Enge zu treiben und ihm eine juristische Falle zu stellen. Ihnen ist Jesus ein Dorn im Auge. Er bricht den Sabbat, rechtfertigt den Sabbatbruch seiner Jünger und stiftet andere zum Sabbatbruch an. Er kritisiert den Tempelgottesdienst, erlaubt die Speisen, die Mose verbietet und verbietet die Ehescheidung, die Mose erlaubt. Und nun sind sie gespannt, was Jesus zu den Strafparagrafen des Mose sagen würde? Jesu Antwort ist in die Geschichtsbücher der Welt eingegangen: *„Wer von euch noch nie eine Sünde begangen hat, soll den ersten Stein auf sie werfen!“* Einer nach dem anderen verlässt den Schauplatz und Jesus bleibt allein mit diesem jungen Mädchen zurück. Ethelbert Stauffer schreibt dazu: „Aber jetzt steht diese junge Frau vor dem einzigen Mann, der das menschliche und göttliche Recht hat, einen Stein auf sie zu werfen. [...] Sie wartet auf ihr Urteil. Da sprach Jesus: so verurteile ich dich auch nicht. Schlichter und anspruchsloser kann man es nicht sagen, ritterlicher und menschlicher kann man nicht sprechen. Jesus von Nazareth ist ritterlicher als irgendein Mann. Gott der Herr ist menschlicher als irgendein Mensch. Jesus aber ist immer da am göttlichsten, genau da, wo er am menschlichsten ist.

Jesus von Nazareth am Nikanortor, das ist die Offenbarung der Menschlichkeit Gottes im Tempel des Herrn."[51]

Diese Geschichte aus Johannes 8 hat Sprengkraft. So sehr, dass sie nicht in jeder Handschrift des Neuen Testaments enthalten ist. An der Schuld der Frau besteht kein Zweifel. Die Pharisäer und Schriftgelehrten sind eindeutig im Recht. Dagegen kann eigentlich auch Jesus nichts machen. Er sagt auch mit keinem Wort, dass diese Frau unschuldig sei oder dass Ehebruch nicht länger Sünde wäre. Aber weil Jesus alle an ihre eigene Sünde erinnert, findet sich niemand mehr, der sie anklagen möchte, geschweige denn den ersten Stein werfen. Und so sagt Jesus diesen unfassbaren Satz zu einer schuldigen Ehebrecherin: ich verurteile dich nicht! Jesus unternimmt kein intimes Beichtverhör und verlangt kein zerknirschtes Bußbekenntnis. Und sein letzter Satz an diese Frau lautet: *„Du kannst gehen; aber tu diese Sünde nicht mehr!"*

Ich erlebe immer wieder, dass manche Christen heute noch genauso an Schuldfragen interessiert und auf das Thema Sünde fixiert sind wie das damalige pharisäische Judentum. Aber hat die starke Betonung der Sünde in bestimmten christlichen Kreisen wirklich zur Verbesserung und zur Heiligung des Lebens beigetragen oder hat es die Methoden des Versteckens nur raffinierter gemacht? Wenn uns die Betonung der Sünde am Ende vor allem unehrlicher macht, dann hat sie ihr Ziel verfehlt. Es ist kein Wunder, dass das Christentum an Glaubwürdigkeit verliert, weil Menschen unsere nur äußerlich heilige Fassade durchschauen. Die starke Betonung der Sünde führt leider in vielen Fällen nicht zur Veredelung der Menschen, sondern zum Verheimlichen ihrer Sündhaftigkeit. Ich möchte Sünde keinesfalls verharmlosen. Ich weiß von mir selbst, was

---

51 Ethelbert Staufer, ebd. Seite 136.

Sünde in meinem und im Leben anderer anrichten kann. Aber mir fällt auch auf, dass in den Evangelien der griechische Begriff „Sünde"[52] nur in 37 Versen vorkommt, was reichlich wenig ist bei 3.779 Versen in allen vier Evangelien. Jesus hat nicht dauernd von Sünde gesprochen. Seine zentrale Botschaft war Barmherzigkeit und der Anbruch des Reiches Gottes. Und ein deutlicher Ausdruck des anbrechenden Gottesreiches mitsamt seiner Barmherzigkeit ist diese Geschichte der Ehebrecherin. Es ist nicht die Geschichte einer großen Sünde, sondern großen Erbarmens. Wenn die Geschichte vom barmherzigen Samariter ein Plädoyer für Mitmenschlichkeit ist, dann ist die Geschichte der Ehebrecherin ein Plädoyer für Menschlichkeit. Jesus ist kein Paragrafenreiter, kein kleinkarierter Gesetzesbeamter, kein Erbsenzähler, keiner, der nur darauf wartet, uns einer Schuld zu überführen, sondern Gott, der in diese Welt kommt, und den Menschen mit Liebe, Annahme und Vergebung begegnet.

Jesus sieht zwar das Vergehen dieser Frau, hat aber auch die Umstände im Auge, ihr Alter, den Zeitpunkt des Ereignisses inmitten des ausgelassenen Trubels, das Fehlen des Mannes und die Listigkeit ihrer Ankläger. Wenn es um moralische Entscheidungen geht, dann hat Jesus nicht nur Regeln und Gebote im Blick, sondern den Menschen selbst. Jesus verschließt nicht seine Augen vor dem betroffenen Menschen, wie es die unparteiische Justitia tun würde, sondern bedenkt ihre Geschichte, ihr Herz, ihre Betroffenheit und ihre Umstände. Jesus opfert nicht seine Barmherzigkeit

Wenn die Geschichte vom barmherzigen Samariter ein Plädoyer für Mitmenschlichkeit ist, dann ist die Geschichte der Ehebrecherin ein Plädoyer für Menschlichkeit.

52 ἁμαρτία (hamartia)

auf dem Altar juristischer Korrektheit. Johannes 8 ist eine große Geschichte der Barmherzigkeit.

> *2. Prinzip – Ausgehend vom Prophetenwort in Micha wäre eine zweite ethische Fragestellung: Fördert meine Entscheidung oder mein Verhalten Gerechtigkeit, Barmherzigkeit und Demut? Ausgehend von der Geschichte der Ehebrecherin könnte die Frage auch lauten: Was wäre das Barmherzigere?*

Das Prinzip der Liebe

Angesichts der unüberschaubar vielen Gebote und Regeln im Alten Testament kam bereits im Judentum immer wieder die Frage auf, ob sich alle Gebote auf ein großes Prinzip zurückführen ließen. Kann man sie zusammenfassen? Gibt es einen Leitgedanken hinter den Geboten? Je nach rabbinischer Schule wurde das unterschiedlich beantwortet. Die einen Rabbiner verweigerten sich einer solchen Zusammenfassung, denn jedes einzelne Gebot sei wichtig und stehe für sich. Andere Rabbiner hielten dagegen, dass man das Gesetz sehr wohl zusammenfassen könne. Deutlich wird das am Beispiel von Rabbi Hillel und Rabbi Schammai. Beide standen vor der Zerstörung des jüdischen Tempels (70 n. Chr.) dem Sanhedrin, dem jüdischen Gerichtshof in Jerusalem, vor. Zwischen diesen beiden Persönlichkeiten sind nur wenige direkte Meinungsverschiedenheiten überliefert, trotzdem zeigt sich deren charakterlicher Unterschied in kurzen Geschichten, die der Talmud erzählt. Der ganze Abschnitt im Talmud wird eingeleitet mit den Worten: „Die Rabbinen haben gelehrt: Der Mensch sei so gelassen wie Hillel und nicht so jähzornig wie Schammai." Eine der Anekdoten lautet folgendermaßen: „Ein anderer Heide kam vor Schammai und sprach zu ihm: Ich will Jude werden, aber du musst mir das ganze Gesetz lehren, während ich auf [nur] einem Fuß stehe. Da stieß er ihn mit einer Elle, die er in der Hand hatte, von sich. Der Heide wandte sich darauf an Hillel mit demselben Wunsche und dieser lehrte ihm: Was du nicht willst, das tue auch deinem Nächsten nicht, das ist das ganze Gesetz, alles Übrige ist nur Erläuterung, gehe und lerne es."[53] Rabbi Hillel fasste also die ganze Tora in einem Satz, im Liebesgebot, zusammen.

Auch Jesus stand einst vor einer herausfordernden Frage zum jüdischen Gesetz. Jemand wollte wissen, welches von den 613 Geboten der Tora das Wichtigste sei. Und Jesus gab zur Antwort: *„Du sollst den Herrn, deinen Gott, lieben, von ganzem Herzen, mit ganzer Seele und mit all deinen Gedanken! Das ist das erste und wichtigste Gebot. Ein weiteres ist genauso wichtig: ‚Liebe deinen Nächsten wie dich selbst.' Alle anderen Gebote und alle Forderungen der Propheten gründen sich auf diese beiden Gebote."* (Matthäus 22,37 ff.) Auch Jesus fasst das gesamte Alte Testament im Liebesgebot zusammen: Gott und den Nächsten mit aller Kraft lieben.

Eine fast wörtliche Parallele zur Hillel-Geschichte findet sich in der Bergpredigt. Auch dort fasst Jesus die gesamte Botschaft des Alten Testaments in nur einem Satz zusammen, den er aber im Gegensatz zu Hillel aktiv und nicht passiv formuliert: *„So wie ihr von den Menschen behandelt werden möchtet, so behandelt sie auch. Denn das ist die Botschaft des Gesetzes und der Propheten."* (Matthäus 7,12 LUT). Praktizierte Rücksicht und Nächstenliebe sind somit der Kern der gesamten alttestamentlichen Ethik.

---

53 Die Erzählungen/Aggadah des Traktats Schabbat 31a. Nachzulesen z. B. hier: https://www.talmud.de/tlmd/talmud-uebersetzung/erzaehlungen-des-talmuds-ejn-jaakow/erzaehlungen-des-talmuds-ejn-jaakow-schabbat/

Später formuliert Paulus den gleichen Gedanken im Römerbrief: *„Ihr kennt die Gebote: ‚Brich nicht die Ehe, morde nicht, beraube niemand, blicke nicht begehrlich auf das, was anderen gehört.' Diese Gebote und alle anderen sind in dem einen Satz zusammengefasst: ‚Liebe deinen Mitmenschen wie dich selbst.' Wer liebt, fügt seinem Mitmenschen nichts Böses zu. Also wird durch die Liebe das ganze Gesetz erfüllt."* (Römer 13,9 f. GNB). Auch Paulus gelingt es, die Zehn Gebote und mit ihnen alle anderen Gebote in einem einzigen Satz zusammenzufassen: wiederum in der Aufforderung zur aktiven Nächstenliebe.

Der Apostel Jakobus schreibt: *„Wenn ihr das königliche Gesetz erfüllt nach der Schrift ‚Liebe deinen Nächsten wie dich selbst', so tut ihr recht."* (Jakobus 2,8 LUT 2017). Es gibt also ein königliches Gesetz, ein wichtigstes Gesetz, ein Leitgesetz, aus dem alle anderen Gebote herausfließen: die Nächstenliebe.

Ebenso schreibt der Apostel Johannes: *„Gott ist Liebe, und wer in der Liebe lebt, der lebt in Gott, und Gott lebt in ihm."* (1. Johannes 4,16b NEÜ). Auch hier wird deutlich, dass ein Leben in der Liebe Ausdruck der Verbundenheit mit Gott ist und damit das, worauf es am Ende ankommt.

Was passiert hier? Das Neue Testament macht deutlich, dass alle Gebote der Tora, alle moralischen Anforderungen des Gesetzes eine Quelle und Grundidee haben. Wer diese verstanden hat, kann aus ihr immer wieder Handlungsanweisungen herleiten, ganz egal zu welcher Zeit und in welcher Situation er lebt. Wer diese Grundidee kennt, dem gehen die angemessenen Gebote und die gute Moral nie aus. Diese Grundidee ist die Erkenntnis, dass die gelebte Liebe mich befähigt, grundsätzlich so zu leben, wie Gott es sich wünscht. Es geht bei diesem ethischen Prinzip also um die Frage, ob mein Verhalten Ausdruck echter Liebe ist. Wenn ich mich zwischen verschiedenen Verhaltensweisen entscheiden muss, gibt die Frage nach gelebter

Nächstenliebe den Ausschlag. Das ist der Lackmustest menschlichen Verhaltens.

Die E-Mail, die ich formulieren will, die sexuelle Handlung, die ich vollziehen möchte oder der Einkauf, den ich tätigen will ... all das muss der Frage standhalten: Ist es von echter und tiefer Liebe geprägt? Würde ich eine solche Handlung auch für mich selbst wollen und akzeptieren?

> *3. Prinzip – Ausgehend von diesen Aussagen zur Nächstenliebe wäre eine weitere ethische Fragestellung: Bringt meine Entscheidung oder mein Verhalten meinem Mitmenschen gegenüber tiefe Liebe zum Ausdruck? Behandle ich meinen Mitmenschen so, wie ich selbst behandelt werden möchte?*

Liebe und tue, was du willst

In besonderer Weise formulierte der Kirchenvater Augustinus dieses ethische Prinzip der Liebe. Er schrieb in seiner Auslegung zum Johannesbrief: *„dilige et quod vis fac"* (Liebe und tue, was du willst.) und zeigt, dass derjenige, der als höchstes Prinzip in seinem Leben die Liebe hat, am Ende nur das tut, was eben dieser Liebe entspricht. Er kann tun, was er will, weil er am Ende durch dieses ethische Prinzip nur das macht, was der Liebe dient. In den Worten des Augustinus klingt das dann so: „Liebe und tue, was du willst! Wenn du schweigst, schweige aus Liebe; sprichst du, so sprich aus Liebe; wenn du tadelst, tadle aus Liebe; wenn du verzeihst, verzeih aus Liebe. Die Wurzel der Liebe soll das Innerste deines Herzens sein: Aus dieser Wurzel kann nichts als Gutes hervorkommen."[54]

---

54 Michael Treberian (Hrsg.), Augustinus – „Liebe und tue, was du willst", Insel Verlag Frankfurt, 1989, Seite 17.

Es geht bei Ethik nicht um die Fragen: Ist das erlaubt? Darf man das? Geht das noch? Liegt das noch drin? Es geht vielmehr um die Fragen: Ist das liebevoll? Dient es der Liebe? Vergrößert es die Liebe? Bringe ich damit Liebe zum Ausdruck? Zeige ich jemandem damit meine Liebe?

Und dabei ist Liebe nichts Schwammiges, nichts Romantisches. Liebe ist nichts Leichtes. Liebe ist anstrengend, sie fordert alles von mir. Man liebt nicht mal eben schnell, sondern es ist ein tägliches Ringen um dieses liebevolle Verhalten. Es geht nicht um eine billige Liebe, Nettigkeiten und bürgerliche Freundlichkeit.

Rücksicht auf das Leben

Der Apostel Paulus wurde im Korintherbrief mit genau dieser Fragestellung des Augustinus konfrontiert. Durch die neu gewonnene Freiheit und die Aufhebung der Tora als Verpflichtung für Heidenchristen entstand der Eindruck, nun sei alles erlaubt. Es klang nach grenzenloser Freiheit. Paulus begegnete diesem libertinistischen Anspruch nicht mit einem neuen Katalog an Gesetzen und Verboten. Paulus setzte wichtige Prinzipien dagegen, die zu einer notwendigen Einschränkung der neu gewonnenen Freiheit führten. Er schrieb: *„Alles ist uns erlaubt! – Ja, aber nicht alles ist nützlich. Alles ist erlaubt! – Ja, aber nicht alles baut auf. Ihr sollt nicht euren eigenen Vorteil suchen, sondern den des anderen!“* (1. Korinther 10,23 f. NeÜ)

Ist das, was ich tue, nützlich? Ist es aufbauend, förderlich, hilfreich? Ist es gut für mich und vor allem für andere? Es geht also zunächst nicht um konkrete Einzelanweisungen, sondern um grundsätzliche Überlegungen und das Vermitteln einer Haltung. Biblische Ethik ist von einer Haltung geprägt, die im Kern das Hilfreiche, Aufbauende und Nützliche fördert. Sie hat das Wohl des Anderen im Blick. Das lässt Spielraum für Individualität und Einzelsituationen, bindet aber alles zusammen unter dieser gemeinsamen Haltung.

Paulus brachte diese Haltung schon ein paar Kapitel zuvor mit einer kleinen Veränderung zum Ausdruck, die aber nochmals wichtig ist: *„Es ist alles erlaubt", sagt ihr. Das mag stimmen, aber es ist nicht alles gut. Mir ist alles erlaubt, aber ich will mich nicht von irgendetwas beherrschen lassen."* (1. Korinther 6,12 HfA). Es geht also nicht nur darum, ob es gut für mich ist, sondern auch, ob es mich beherrscht, gefangen nimmt, süchtig oder abhängig macht. Hier kommt also der Aspekt der Dosis, der Intensität, der Häufigkeit ins Spiel. Ob etwas wirklich gut für mich ist, hängt davon ab, wie viel Macht es über mich gewinnt. Wenn es mich in eine Abhängigkeit führt, zum neuen Anspruchsteller mutiert oder zu sehr in Beschlag nimmt, ist es nicht länger gut für mich und damit nicht mehr erlaubt. Auch hier bringt Paulus keine Einzelanweisung, sondern vermittelt ein Prinzip, das nun jeder für sich verantwortungsvoll umsetzen muss.

4. Prinzip – Ausgehend von diesen Paulusworten wäre eine vierte ethische Fragestellung: Ist mein Verhalten oder Tun hilfreich und auferbauend? Ist es rücksichtsvoll? Entsteht durch mein Tun eine ungesunde Abhängigkeit?

Anwendungsbeispiel Götzenopferfleisch

Ein Anwendungsbeispiel dieser Prinzipien ist das Essen von Götzenopferfleisch. Der Anlass, auf den Paulus im Römer- und Korintherbrief eingeht, ist uns heute eher fremd. Es ging um den Verzehr von Fleisch, das bei der Schlachtung von Opfertieren für die heidnischen Götter übrigblieb. Für alle, die nicht zur wohlhabenden Oberschicht gehörten, waren die Feste der Staatsreligion eine seltene Gelegenheit, überhaupt einmal Fleisch zu essen, weil der Kaiser und die reichen Patrizierfamilien dafür aufkamen. Ein Teil der Christen aß dieses Fleisch ohne schlechtes Gewissen. Für sie waren die Götter Roms substanzlose Fabelwesen, die dem Gott Jesu Christi nicht das Wasser reichen konnten. Die anderen hatten Skrupel: Sollte man nicht jede noch so weitläufige Verbindung zu falschen Göttern und deren abscheulicher Verehrung unbedingt meiden? Irgendetwas könnte vielleicht abfärben, hängenbleiben, die Seele beschmutzen und die Gemeinde verderben? Paulus teilte diese Sorgen nicht, für ihn war das Essen von Opferfleisch kein Problem. Er konnte sagen: *„Ich weiß, und Jesus, der Herr, bestätigt es mir, dass uns keine Speise von Gott trennt, weil sie unrein wäre. Wer aber etwas für unrein hält, für den ist es tatsächlich unrein.“* (Römer 14,14 HfA). Und im Korintherbrief konnte er zum Problem des Götzenopferfleisches sagen: *„Dürfen wir also Opferfleisch essen oder nicht? Wir wissen doch alle, dass es außer dem einen Gott gar keine anderen Götter gibt.“* (1. Korinther 8,4 HfA) Oder: *„Kauft unbesorgt das Fleisch, das auf dem Markt angeboten wird, und macht euch kein Gewissen daraus, ob es von Opfertieren stammt. Denn ‚die Erde und alles, was auf ihr lebt, gehört dem Herrn‘.“* (1. Korinther 10,25 f. HfA)

Die Christen in Korinth oder Rom fragten: Darf man Götzenopferfleisch essen? Und wahrscheinlich gab es dann hitzige Diskussionen über das Wesen dieses Fleisches und seine mögliche Verunreinigung durch heidnische Götzen. Wahrscheinlich hatten die unterschiedlichen Parteien eine Menge Bibelstellen auf Lager, um ihren theologischen Standpunkt zu vertreten. Aber für Paulus war die große Frage nicht, ob das Essen von Götzenopferfleisch Gott gefällt oder nicht. Ihn beschäftigte eine andere Frage: Handelst du durch das Essen von Götzenopferfleisch liebevoll?

Das ist auch für unsere Zeit typisch. Wir stellen die moralische Frage: Darf man das? Ist das Wesen dieser Sache göttlich oder ungöttlich? Kann man sich damit irgendwie anstecken oder verunreinigen? Darf man Yoga praktizieren? Darf man Karate lernen? Darf man Creme von Weleda kaufen? Sind Schüßler Salze gefährlich? Darf man als Christ Karten spielen? Ist Rockmusik vom Teufel? Darf man rauchen oder in die Disco gehen? Und dann wird nach den passenden Bibelstellen gesucht und wenn man diese nicht findet, werden irgendwelche biblischen Gebote so hingebogen, dass sie etwas zu der modernen Fragestellung zu sagen haben. Hauptsache, wir finden eine biblische Regel. Und wieder hat die Moral gewonnen. Wenn Yoga biblisch ist, dann wird Yoga bis zur Erschöpfung praktiziert, und alle, die damit Mühe haben, werden mit Verachtung gestraft. Und wenn Yoga unbiblisch ist, dann meiden wir es wie der Teufel das Weihwasser und alle, die es praktizieren, werden verurteilt.

Paulus ist es zunächst egal, was man theologisch über Götzenopferfleisch denkt, wie biblisch man es findet und ob man es am Ende tatsächlich isst oder meidet. Aber es ist ihm nicht egal, mit welcher Motivation und Haltung man isst. Im Römerbrief beschreibt er das so: *„Hören wir also auf, uns gegenseitig zu verurteilen! Seid vielmehr kritisch gegen euch selbst, wenn ihr euch im Glauben stark fühlt, und vermeidet alles, was einem Bruder oder einer Schwester Anstoß bereiten oder sie zu Fall bringen kann. Wenn du aber durch das, was du isst, einen anderen Christen verwirrst oder ihn sogar dazu verführst, gegen sein Gewissen zu handeln, dann bist du lieblos. Wegen irgendwelcher Speisen dürft ihr auf keinen Fall den Glauben eines anderen gefährden, für den doch Christus auch gestorben ist.“* (Römer 14,13 ff. GNB). Ein paar Verse weiter schreibt er: *„Jeder von uns soll auf den anderen Rücksicht nehmen und danach fragen, was gut für ihn ist und was ihm im Glauben weiterhilft.“* (Römer 15,2 NGÜ)

In dieser Gemeinde gab es Christen, für die das Essen von Götzenopferfleisch einfach nicht drin lag. Das belastete sie enorm und bereitete ihnen bereits Gewissensbisse, wenn sie es auch nur mitanschauen mussten. Das Problem war nicht das Essen an sich, sondern das, was man einem anderen damit antat. Natürlich kannst du so viel Opferfleisch essen, wie du willst, wenn aber ein anderer dadurch gefährdet, verletzt oder verunsichert wird, dann ist das lieblos und damit inakzeptabel. Es geht um die Liebe, um liebevolles Verhalten. Das ethische Prinzip der Liebe sucht nicht nach irgendeinem Bibelvers, der das Essen von Götzenfleisch rechtfertigt oder verbietet. Es verlangt vielmehr, dass mein Umgang mit dem Opferfleisch anderen gegenüber rücksichtsvoll ist. Selbst wenn ich ein Gebot finde, welches das Essen von Götzenopferfleisch erlaubt, handle ich trotzdem nicht im Geiste Jesu, wenn ich dadurch den Glauben eines anderen in Gefahr bringe.

Auch an anderen Stellen formuliert Paulus dieses Prinzip der Liebe und der Rücksicht: *„Was wir essen, entscheidet nicht darüber, wie wir vor Gott dastehen. Vor ihm sind wir weder besser noch schlechter, ob wir nun das Fleisch essen oder nicht. Doch ihr müsst mit dieser Freiheit, die ihr habt, behutsam umgehen, damit ihr nicht einem Bruder oder einer Schwester mit einem ängstlicheren Gewissen schadet.“* (1. Korinther 8,8 f. HfA)

Nehme ich Rücksicht auf den anderen, wenn ich Götzenopferfleisch esse? Schadet es dem anderen oder fördert es sein Leben und seinen Glauben? Auch hier ist Rücksicht das große Thema. Das ethische Prinzip der Liebe wird von Paulus dahin konkretisiert, dass mein Verhalten rücksichtsvoll sein muss und nicht schaden darf.

Tyrannei der Schwachen

Gerade beim Thema Rücksicht muss ich aber auch eine gewisse Warnung aussprechen. Es gibt so etwas wie eine Tyrannei der Schwachen. Ich erlebe es immer wieder in Gemeinden, dass eine vermeintliche Gewissensschwäche nur vorgeschoben wird, um hartnäckige theologische Haltungen nicht überdenken zu müssen. Es geht dann weniger um die Rücksicht auf ein wirklich angefochtenes Gewissen als vielmehr um die Rücksicht auf theologische Haltungen, die seit jeher in dieser Gemeinde vorherrschen und nicht angetastet werden dürfen.

So schrieb mir zum Beispiel vor einiger Zeit eine Frau Folgendes: *„In der Gemeinde tobte der Streit ums Schlagzeug. Wo wir Jungen standen, ist wohl klar. Einige ältere Damen argumentierten jedoch, dieses Teufelsinstrument hätte seinen Ursprung im afrikanischen Busch, wo mit Trommeln Geister beschworen wurden. Diese ‚Abteilung' wollte dann, dass wir Rücksicht auf sie nähmen, gemäß des Opferfleischbeispiels. Denn die Parallelen waren ja überdeutlich: Die eine Seite wähnte hinter einem zutiefst fleischlichen Gegenstand dämonische Mächte, während die andere es als profan ansah und gern für Gottes Reich nutzbar machen wollte. Die Konsequenz war natürlich: Wir hatten zwar recht, aber die ‚anderen' bekamen das Recht. Weil ihnen als den Schwachen im Glauben unsere Rücksicht zustand. Mich hat schon damals irritiert – kann man das wirklich einfordern und widerspricht diese Forderung nicht dem Schwachsein? Kam mir vor wie Erpressung! Rücksicht gewähre ich gern, aber erfüllt das die biblische Absicht, wenn sie eingefordert wird?"*

Ich habe ähnliche Beispiel erlebt. In meiner ersten Gemeinde war es der Streit um Hosen und Schminke bei Frauen. Was Paulus im Römerbrief beschreibt, sind Menschen, die unmittelbar aus dem heidnischen Umfeld stammten und für die Götzenopferfleisch immer noch ganz eng verbunden war mit ihrem ehemaligen Götzendienst. Der innere Abstand war zu gering, um solches Fleisch wertneutral zu behandeln und zu verspeisen. Es hätte sie zurückgerissen in alte Empfindungen und Denkmuster. Hier ist Rücksicht geboten. Zudem spricht Paulus immer nur von der öffentlichen Rücksicht. Was jemand in seinem Zuhause verspeist, ist und bleibt Privatsache. Das Prinzip der Rücksicht darf also nicht dafür missbraucht werden, seine theologische Komfortzone nicht verlassen zu müssen. Bloß weil ich eine bestimmte Sache seit Jahren oder Jahrzehnten gewohnt bin, macht mich deren Veränderung nicht automatisch zum schwachen Christen, auf den man nun Rücksicht nehmen müsste. Jede Aussage von Jesus, die er mit den Worten einleitet *»Ihr habt gehört, dass den Alten gesagt wurde … ich aber sage euch«*[55] läutet eine Veränderung von theologischem Denken ein. Jesus hat hierbei keine Rücksicht auf die Ältesten oder Pharisäer genommen, denen das Alte zutiefst vertraut und lieb geworden war. Wenn Menschen, die theologisch unflexibel und gedanklich unbeweglich sind, auf die Rücksicht der anderen pochen, wird das zu Tyrannei der vermeintlich Schwachen. In diese Richtung darf dieses ethische Prinzip nicht missbraucht werden.

Das Prinzip der Würde

Ein weiteres ethisches Prinzip lässt sich nicht durch eine bestimmte Bibelstelle herleiten, sondern durch die Zusammenfassung ganz vieler Begegnungen, die Jesus mit Menschen hatte. Wenn man sich das Leben Jesu anschaut, dann war sein Verhalten nicht nur von der Liebe bestimmt, sondern auch davon, Würde herzustellen. Durch seine Heilungen, in seinen zwischenmenschlichen Begegnungen, in seinen Worten, stellt Jesus Würde bei Menschen her und verweigert sich jeglicher Form der Entwürdigung, der Demütigung und Herabsetzung anderer Menschen. Typische Geschichten dafür sind:

---

55 Z.B. Matthäus 5,21.

- die Heilung der blutflüssigen Frau (Markus 5),
- Jesus und die auf frischer Tat ertappte Ehebrecherin (Johannes 8),
- die Salbung der Sünderin (Lukas 7),
- die Heilung eines Aussätzigen (Matthäus 8),
- das Gleichnis vom verlorenen Sohn (Lukas 15),
- Jesu Umgang mit Kindern (Markus 10),
- die Seligpreisungen (Matthäus 5 oder Lukas 6).

Aber auch an vielen anderen Stellen kommt die Würde schaffende Kraft Jesu zum Ausdruck:

- Im Garten Gethsemane heilt er den Soldaten, der ihn abführen soll, nachdem Petrus ihm das Ohr abgeschlagen hat. (Johannes 18)
- Dem nackten, besessenen und würdelosen Gerasener vertreibt er seine Dämonen. (Lukas 8)
- Einem verachteten und kranken Bettler verspricht er Gottes ganze Zuwendung im Himmelreich. (Lukas 16)
- Frauen wertet er auf und macht sie zum Teil seiner Nachfolgerschaft. (Lukas 8,1–3)
- Denen, die immer zu kurz kommen, verspricht er den vollen Lohn. (Matthäus 20)
- Einer verachteten samaritanischen Frau schenkt er eine unvergessliche Begegnung. (Johannes 4)

Die Zeit reicht nicht, um all die Begebenheiten aufzuzählen, bei denen Jesus Entwürdigung entgegentritt und neue Würde herstellt. Die große Frage ist also: Stellt mein Verhalten Würde her oder fördert es die Entwürdigung eines Menschen? Würde herstellen bedeutet andere würdevoll behandeln, wertschätzen, als kostbar betrachten, sie nicht demütigen, herabsetzen, benutzen, manipulieren oder geringschätzen.

5. Prinzip – Ausgehend vom wertschätzenden Verhalten Jesu wäre eine fünfte ethische Fragestellung: Wirkt mein Verhalten der Entwürdigung von Menschen entgegen und stellt es Würde und Wertschätzung her?

Ethische Prinzipien praktisch

Wenden wir diese ethischen Prinzipien einmal auf eine praktische moralische Frage an: Ist es erlaubt, sich pornografische Bilder anzuschauen?

Man könnte zunächst eine Regel aus den Zehn Geboten anwenden, wo es eines der Prinzipien ist, die Frau eines anderen nicht zu begehren. (Erstes ethisches Prinzip)

Zudem birgt Pornografie das große Potenzial, in ein Suchtverhalten hineinzuführen. (Viertes ethisches Prinzip)

Gleichzeitig fördert Pornografie die Entwürdigung von Frauen, die bei entsprechenden Shootings oder Filmen entwürdigt, benutzt und herabgesetzt werden. (Fünftes ethisches Prinzip)

Es braucht also gar nicht unbedingt eine konkrete Bibelstelle und kein konkretes Gebot, um mich gegen Pornographie auszusprechen, sondern ich kann eine entsprechende Beurteilung aus den unterschiedlichen ethischen Prinzipien der Bibel ableiten. Uns helfen diese ethischen Prinzipien also bei vielen Fragestellungen, selbst wenn es keine konkrete Bibelstelle dazu gibt.

Natürlich rücken mit diesen ethischen Prinzipien auch globale Fragestellungen in den Blick. Kann ich weiterhin diese Art von Konsum leben, diese Billigkleider kaufen, so viel Fleisch essen oder so viel Energie verbrauchen, wenn dieses Konsumverhalten andere Menschen irgendwo auf der Welt ausnutzt, demütigt oder bei ihnen zu einem lebensunwürdigen Dasein führt? Gerade wegen des Prinzips der Würde sollten wir darauf achten, ob die Art und Weise, wie unsere Produkte hergestellt werden, die Würde der Erzeuger und Produzenten verletzt. Welchen Lohn bekommen die Arbeiterinnen in Pakistan? Ist Kinderarbeit dazu notwendig? Entsteht Schuldsklaverei? Werden Bauern ihrer Felder enteignet? Fair gehandelte Produkte haben hingegen das Ziel, z. B. Bauern in Lateinamerika zu einem würdevollen Dasein zu verhelfen. Sich für Natur, Umweltschutz oder Tierschutz einzusetzen, hat etwas damit zu tun, ob ich mich für die Würde der gesamten Schöpfung einsetze.

Verantwortungsethik

Ich möchte noch einen letzten Schritt in diesem Kapitel über Ethik und Moral gehen. Es ist die Königsklasse der Ethik.

Gott schloss mit seinem Volk verschiedene Bündnisse. Gottes Bund mit Abraham war ein *Bund des Vertrauens*. Die Grundlage für seinen Gehorsam war dieses Vertrauen in Gott. *„Abram glaubte dem HERRN, und das rechnete er ihm zur Gerechtigkeit."* (Genesis 15,6 LUT 2017). Abraham tat also den Willen Gottes, noch bevor es die Gesetze der Tora oder auch nur die Zehn Gebote gab. In seiner engen vertrauensvollen Verbundenheit mit Gott gelang es Abraham, Gottes Willen zu tun.

Gottes Bund mit Mose und dem Volk Israel war ein *moralischer Bund*. Die Grundlage für den Gehorsam des Volkes sollte das Gesetz mit all seinen Geboten sein. *„Und das wird unsere Gerechtigkeit sein, dass wir alle diese Gebote tun und halten vor dem HERRN, unserm Gott, wie er uns geboten hat."* (Deuteronomium 6,25 LUT 2017) Gehorsam entstand also durch das Beachten und Einhalten der vielen Gebote.

In Jesus beginnt ein neuer Bund. Bei der Einsetzung des Abendmahls sprach er: *„Dieser Becher ist der neue Bund, besiegelt mit meinem Blut, das für euch vergossen wird."* (Lukas 22,20 NGÜ)

Jesus bringt tatsächlich einen neuen Bund. Und die Frage ist nun: Was für ein Bund wird das sein? Wie will Jesus das Ziel erreichen, dass Menschen den Willen Gottes tun? Woher bekommen die Nachfolger Jesu die Fähigkeit, das Richtige zu tun? Aus ihrer engen Verbindung mit Gott wie bei Abraham? Oder aus einem umfangreichen Katalog an Geboten wie bei Mose? In anderen Worten: durch Ethik oder Moral?

Man muss sich bewusst machen, dass die Heiden, die in Korinth, Thessaloniki oder Galatien zum Glauben gekommen waren, noch keine Bibel hatten. Sie hatten kein Altes Testament mit den jüdischen Geboten und das Neue Testament war noch nicht geschrieben. Das Alte Testament war kein Teil ihrer heidnischen Kultur und zudem konnten sie nicht Hebräisch lesen. Man konnte auch nicht in die nächste Stadtbibliothek gehen und sich die fünf Bücher Mose ausleihen. Wenn man Glück hatte, blieb ein Apostel wie Paulus länger als ein paar Wochen in der Stadt und man konnte in Gesprächen oder Predigten klären, was richtig und falsch war. Aber oftmals musste Paulus schon wieder fliehen oder weiterreisen, kurz nachdem die Menschen zu Christus gefunden hatten. Allerdings empfanden die Apostel das nicht als Tragödie. Was diesen Christen nämlich half, den Willen Gottes zu tun, war der Geist Gottes. Er war der entscheidende Faktor, dass sie Gottes Willen erkennen und tun konnten. Seine Gegenwart war für die ersten Christen das Allerwichtigste, denn Christus, sein Wesen, seine Liebe, sein Erbarmen, seine Werte und seine Kraft waren im Heiligen Geist gegenwärtig. Darum hatte Jesus zu den Aposteln gesagt: *„Wartet in Jerusalem, bis der Heilige Geist auf euch kommt. Unternehmt nichts, bis ihr diesen Geist habt!“* Und so warteten sie auf Pfingsten (Apostelgeschichte 1,4 ff.).

Als die Menschen in Samaria durch Philippus zum Glauben kamen, holte dieser die Apostel aus Jerusalem, nicht um sicherzustellen, dass möglichst alle neuen Gläubigen eine hebräische Bibel bekamen und alle Gebote auswendig lernten, sondern um sicherzustellen, dass sie den Heiligen Geist empfingen (Apostelgeschichte 8,15–17).

Als Petrus im Haus des Heiden Kornelius das Evangelium verkündigte und sie diesem Wort Glauben schenkten, erfolgte augenblicklich die Ausgießung des Heiligen Geistes über alle Zuhörer (Apostelgeschichte 10,44).

Als Paulus zum ersten Mal nach Ephesus kam und dort einigen Jüngern begegnete, lautete seine allererste Frage an sie: *„Habt ihr den Heiligen Geist empfangen, als ihr zum Glauben gekommen seid?"* Als sie dies verneinten, legte Paulus ihnen sofort die Hände auf, und der Heilige Geist kam auf sie herab (Apostelgeschichte 19,1–6).

Den Aposteln war es wichtig, dass die Jünger Gott gehorsam waren, die richtigen Entscheidungen in ihrem Leben trafen und Gott Ehre bereiteten. Das war unverzichtbar! Aber sie reisten nicht überall hin und verbreiteten Moral und Listen mit Geboten, sondern sie stellten sicher, dass Gott selbst durch seinen Geist in diesen Menschen lebte. Sie sollten so eng mit Gott verbunden sein, dass sie auch ohne ein einziges Gebot gehorsam sein und das Richtige tun konnten. Sie hatten verstanden, dass der Heilige Geist wie eine Art innerer Kompass ist, der immer wieder auf Gott, seinen Willen und die Werte des Königreiches hinweist. Damit wurde diesen Jüngern Orientierung und klare moralische Ausrichtung geschenkt. Und genau in diesem Sinne konnte Paulus später schreiben: *„Er (Gott) hat uns fähig gemacht, Diener des neuen Bundes zu sein – eines Bundes, der sich nicht mehr auf das schriftlich niedergelegte Gesetz gründet, sondern auf das Wirken von Gottes Geist. Denn das Gesetz bringt den Tod, aber der Geist Gottes macht lebendig."* (2. Korinther 3,6)

Dieser neue Bund, den Jesus durch seinen Geist aufrichtete, ist kein Bund des Buchstabens und des Gesetzes. Es ist kein Bund der Moral. Das war der Bund des Mose. Es ist vielmehr ein Bund des Geistes und damit ein Bund der Ethik. Dieser Bund lehrt uns ethische Prinzipien durch den Geist in uns und nicht unzählige Einzelgebote. Der Geist vermittelt uns die Werte des Himmels und den Herzschlag Gottes. Der entscheidende Faktor für Gehorsam ist nicht eine Vielzahl von Geboten und moralischen Anweisungen, sondern das Erfülltsein mit dem Heiligen Geist und damit ein Leben in enger Verbindung zu Christus. Auch 10.000 Gebote und moralische Anweisungen für jedes Detail des Lebens garantieren weder Gehorsam noch gute Entscheidungen. Aber mit dem Heiligen Geist in meinem Leben kann ich so eng mit Gott verbunden sein, dass ich kein einziges Gebot brauche, um den Willen Gottes zu tun. Jetzt sind nämlich die Wertvorstellungen und die Maßstäbe und die Ethik Gottes in meinem Inneren.

Die Propheten im Alten Testament ahnten bereits, dass dieser Bund mit Mose und seinen vielen Geboten nicht das Wahre und Eigentliche ist. Sie haben vorausgesehen, dass eines Tages ein Bund kommen würde, bei dem nicht Hunderte von Geboten in einem Buch die Menschen gerecht handeln lassen, sondern der Geist, der in ihren Herzen wohnt. Und so sagte der Prophet Hesekiel: *„Ich will euch ein neues Herz und einen neuen Geist geben. Ja, ich nehme das versteinerte Herz aus eurer Brust und gebe euch ein lebendiges Herz. Mit meinem Geist erfülle ich euch, damit ihr nach meinen Weisungen lebt, meine Gebote achtet und sie befolgt."* (Hesekiel 36,26 f. HfA)

Der Apostel Paulus griff das auf, als er im Galaterbrief schrieb: *„Lasst den Geist Gottes euer Verhalten bestimmen, dann werdet ihr nicht mehr den Begierden eurer eigenen Natur nachgeben. Wenn ihr aber aus der Kraft des Geistes lebt, seid* *ihr den Forderungen des Gesetzes nicht länger unterworfen."* (Galater 5,16+18 NGÜ) Es gibt ein Gesetz, Gebote und moralische Anweisungen, die von außen an mich herangetragen werden und die ich nun versuche einzuhalten. Das war der Bund des Mose. Aber im neuen Bund erfüllt mich Gott mit seinem Geist, er lebt jetzt in meinem Inneren und von innen heraus bin ich nun in der Lage, Gottes Willen zu erkennen und auch zu tun. Ich habe einen inneren moralischen Kompass. Und darum ist die große Frage eines Christen: Lebe ich so intensiv mit Gott und setze ich mich seiner Gegenwart so intensiv aus, dass der Geist mich führen und lenken kann? Dann und nur dann stehe ich nicht mehr unter dem Gesetz und seiner Moral.

Showdown beim Apostelkonzil

Sehr anschaulich setzten die Apostel dieses Entscheiden aus dem Heiligen Geist beim sogenannten Apostelkonzil um. Auslöser waren die Missionsreisen von Paulus und Barnabas, bei denen Heiden, also Menschen ohne jüdischen Hintergrund, zum Glauben an Christus fanden.

Für alle Nachfolger Jesu (und das waren erst einmal ausschließlich Juden) war bis dahin klar, dass sie sich auch weiterhin an die Gebote des Alten Testaments, die Feiertage, den Sabbat und die jüdischen Feste halten würden. Und einige eifrige Judenchristen reisten nun in die heidnischen Städte, um die neu bekehrten Heiden ebenfalls auf das Alte Testament und die alttestamentlichen Gebräuche einzuschwören. Das löste einen so heftigen Streit mit Paulus und Barnabas aus, dass man die Debatte darüber in der Gegenwart der Apostel in Jerusalem führen wollte.

Die zu klärenden Fragen waren: Müssen sich die Heidenchristen an die Gebote und Regeln der Tora halten oder nicht? Ist die Tora für sie gültig? Die Entscheidung über diese Fragen hätte Signalwirkung für die ganze Welt. Es stand das Schicksal der Tora auf dem Spiel. Und die Apostel machten sich diese Entscheidung nicht leicht. Das 15. Kapitel der Apostelgeschichte berichtet von diesem Vorgang. Da gab es Anhörungen, Verhandlungen, Gespräche, Streit, Diskussion und viel Gebet um die Gegenwart des Heiligen Geistes. Und am Ende der Verhandlungen nahmen die Apostel ihre Verantwortung wahr und trafen eine Entscheidung für die gesamte nichtjüdische Christenheit: *„Der Heilige Geist selbst und unter seiner Führung auch wir haben nämlich beschlossen, euch nur die folgenden unbedingt nötigen Anweisungen zu geben und euch darüber hinaus keine weitere Last aufzuerlegen …“* (Apostelgeschichte 15,28 NGÜ)

Die Apostel trafen die gravierende ethische Entscheidung, dass Heiden die Traditionen und Gebote des Alten Testaments und der Tora nicht in ihren Glauben und Alltag integrieren mussten. Und das taten sie, obwohl das Alte Testament an vielen Stellen die Unvergänglichkeit der Tora und ihre unbedingte Bedeutung für die Gerechtigkeit und das Leben der Gläubigen betont. Genau diese Form der geistgeleiteten Entscheidung in moralischen Fragen hatte Jesus gemeint, als er Jahre zuvor seinen Jüngern sagte: *„Alles, was ihr auf Erden binden werdet, soll auch im Himmel gebunden sein, und alles, was ihr auf Erden lösen werdet, soll auch im Himmel gelöst sein.“* (Matthäus 18,18 LUT 2017).

Im Apostelkonzil wurde nicht tagelang in Stille meditiert, bis der Geist endlich sprach, sondern man erwartete das Wirken und Reden des Geistes inmitten der Gespräche und in Diskussionen miteinander. Professor Bernhard Ott formulierte treffend: *„Missionale Urteilsbildung ist kein Top-down-Prozess, in dem ein Schriftgelehrter als Wissender den Menschen objektive gött-*

liche Handlungsnormen vorschreibt, sondern ein partizipatorischer Prozess, in dem alle Beteiligte Lernende sind.“[56]

Neben den ethischen Prinzipien, die ich in diesem Kapitel hergeleitet habe, werden immer wieder moralische Problemstellungen auftauchen, bei denen wir den Mut finden müssen, als christliche Gemeinschaft Verantwortung zu übernehmen, um Antworten zu finden und Entscheidungen zu treffen, die uns ein Handeln im Geiste Jesu ermöglichen. Dazu sind Entscheidungen nötig, die über die Bibel hinausgehen – aus dem einfachen Grund, weil jeder Text zwischen zwei Buchdeckeln beschränkt ist. Er kann nicht jede Eventualität und Fragestellung des Lebens aufgreifen und behandeln. Damit sind uns aber nicht die ethischen Hände gebunden, sondern wir haben die Verheißung, dass der Geist uns in alle Wahrheit führen wird. Die ethischen Prinzipien helfen uns sicherzustellen, dass unsere heutigen moralischen Entscheidungen mit der Ethik des Himmels und dem Reden des Geistes übereinstimmen.

Kann das Ganze schiefgehen? Ja! Können wir dabei Fehlentscheidungen treffen? Ja! Kann man das Ganze ausnutzen, um einfach zu tun, was man möchte? Ja! Darum müssen wir Verantwortung für unser Tun und Handeln übernehmen. Aber das ist allemal besser, als alle Verantwortung von sich zu schieben und ständig auf 3.000 Jahre alte Gebote zu verweisen, deren Relevanz oft so kraftlos ist, dass sie kaum noch das Leben heutiger Menschen prägen. Ein gemeinsames Hören auf das, was der Geist zu sagen hat, und die Anwendung zeitloser ethischer Prinzipien aus der Bibel ermöglichen es uns auch heute, hohe Relevanz in moralischen Fragen des Lebens zu entwickeln.

---

56 Bernhard Ott, zitiert in „11 Thesen zur missionalen Ethik“, IGW 2019, Seite 2. https://www.igw.edu/website-wAssets/img/Dokumente-Web/Thesen-Missionale-Ethik-042020.pdf.

Die eschatologische Perspektive

Eschatologie meint in der Theologie immer den Blick auf das Kommende, auf das Jenseitige, auf die letzten Dinge[57]. Diesen Blick schildern uns anschaulich ein paar Sätze aus der Offenbarung des Johannes: »*Jede Träne wird er (Gott) von ihren Augen wischen. Es wird keinen Tod mehr geben und auch keine Traurigkeit, keine Klage, keinen Schmerz. Was früher war, ist für immer vorbei.*«[58] Diese Verse schildern den Zustand einer versöhnten, geheilten und erlösten Menschheit und Schöpfung. Wo immer sich biblische Ethik verwirklicht, wird etwas von diesem Zustand jetzt schon sichtbar. Man könnte zusammenfassend alle ethischen Fragen auch so formulieren: Hat das, was ich tue das Potenzial, einen Vorgeschmack auf die vollendete versöhnte Gemeinschaft zu werden, wie es uns die Schrift an unterschiedlichen Stellen bezeugt?

Hat das, was ich tue das Potential, einen Vorgeschmack auf die vollendete versöhnte Gemeinschaft zu werden, wie es uns die Schrift an unterschiedlichen Stellen bezeugt?

Gerade diese eschatologische Perspektive macht Ethik zu einer biblischen Ethik. Vielen der vorigen Prinzipien könnte vielleicht auch der Humanist oder Atheist zustimmen. Aber ethisches Handeln als Vorgeschmack bzw. erste zaghafte Verwirklichung eines kommenden umfassenden Heils ist für all diejenigen relevant, die sich nach diesem Heil sehnen und darum in einer persönlichen Beziehung zum Heiland – dem Anfänger und Vollender dieses Heils – leben wollen.

---

57 Der Begriff „Eschatologie“ kommt von griechisch τὸ ἔσχατον to eschaton „das Letzte / Ende“ und bedeutet wörtlich „Lehre von den letzten Dingen / von der Endzeit“. Er hat sich im 19. Jh. in der systematischen Theologie als Bezeichnung für die Lehre von den letzten Dingen (Tod, Auferstehung, Jüngstes Gericht etc.) etabliert.

58 Offenbarung 21,4 (NEÜ).

An dieser Stelle möchte ich auf den ethischen Praxiszyklus hinweisen, an dessen Entwicklung ich 2019 im Rahmen der Arbeitsgemeinschaft „Missionale Theologie" des IGW[59] beteiligt war. Die dort entwickelten elf Thesen zur missionalen Ethik beinhalten einen ethischen Praxiszyklus, der enorm hilfreich ist zur Urteilsbildung. Dieser Zyklus beschreibt die wichtige Wechselwirkung zwischen Orientierung an der biblischen Botschaft und gleichzeitiger Zuwendung zu den von der ethischen Fragestellung betroffenen Menschen. Gerade die Geschichte der Ehebrecherin in Johannes 8 macht deutlich, dass Jesus in seiner ethischen Beurteilung der Situation einerseits die biblischen Forderungen bei Ehebruch im Blick hat und gleichzeitig das Schicksal und die Situation dieser jungen Frau in Betracht zieht. Erst in der Wechselwirkung beider Aspekte können verantwortungsvolle ethische Entscheidungen getroffen werden. Beim unten angezeigten Link kann das gesamte Dokument heruntergeladen werden.

Ethik oder Moral in wenigen Worten

Christliche Ethik meint die übergeordneten Prinzipien, die Leitgedanken und Werte des Himmels, die uns befähigen, immer wieder neue moralische Anweisungen und Gebote abzuleiten. Moral sagt uns, was wir tun sollen, Ethik hingegen, warum wir es tun sollen. Ohne Ethik wird es schwer, Handlungsoptionen für Themen aufzuzeigen, die noch nicht im biblischen Horizont waren. Ethische Prinzipien haben die Liebe und liebevolles

59 IGW = Institut für gemeindeorientierte Weiterbildung mit verschiedenen Standorten in der Schweiz und Deutschland. Mehr Informationen unter www.igw.edu.

Verhalten als Schwerpunkt. Zudem ist uns der Heilige Geist als innerer Kompass geschenkt, um im gemeinsamen Gespräch verantwortungsvolle Antworten auf aktuelle moralische Herausforderungen zu finden.

7. Sexualmoral und Homosexualität

Warum sich die Bibel nicht für eine christliche Sexualmoral eignet

Sexualmoral

In den vorigen Kapiteln habe ich über selektive Bibeltreue und den Mangel an Ethik unter Christen geschrieben. Ihre unheilvolle Auswirkung zeigt sich besonders drastisch in Bezug auf christliche Sexualmoral. Ich denke, wir brauchen unbedingt eine gute Sexualethik. Die Bibel mit ihren Geschichten, ihrer Sicht des Menschen, ihrem Bild von Gott und ihrer Darstellung des Lebens Jesu bietet eine wunderbare Grundlage für eine gute Sexualethik. Was aber seit Jahrhunderten geschieht, ist eine aus verschiedenen Geboten und Bibelversen zusammengestückelte Sexualmoral, die zwar konservativ, aber wenig konsequent ist.

So manche christlichen Kreise vermitteln das Bild, als gebe es eine ganz klare biblische Sexualmoral. Man müsse sich eigentlich nur die Mühe machen, in die Bibel zu schauen, und es würde sonnenklar, was sich Gott unter gesunder oder kranker, erlaubter oder verbotener Sexualität vorstellt. Diese angeblich so eindeutige biblische Sexualmoral setzt sich aus einem willkürlichen Sammelsurium von Bibelstellen zusammen. Und es finden sich immer mehr Christen, die dieses willkürliche Sammelsurium durchschauen und dahinter keine Logik, kein hermeneutisches System und keine Konsequenz entdecken können.

So benutzt man zum Beispiel gerne den Vers *„Du sollst nicht bei einem Mann liegen wie bei einer Frau; es ist ein Gräuel."* (Levitikus 18,22), um sich gegen Homosexualität auszusprechen. Oder man zitiert Paulus mit den Worten *„Menschen, die in sexueller Unmoral leben, Götzen anbeten oder die Ehe brechen, Lustknaben und Knabenschänder ... werden keinen Platz im Reich Gottes haben."* (1. Korinther 6,9 f. NeÜ). Damit will man Sex vor der Ehe oder bestimmte Sexualpraktiken verbieten. Natürlich kann man diese Verse so verstehen und entsprechende Regeln zum Sexualverhalten aufstellen. Problematisch wird es nur, wenn man andere Gebote und Aussagen der Bibel zur Sexualität einfach weglässt und nicht einbindet in die Formulierung einer angeblich biblischen Sexualmoral. Wenn biblische Sexualmoral, dann doch bitte mit allen Aussagen und Geboten, die die Bibel zum Thema Sexualität trifft, und nicht nur mit einer kleinen Auswahl, die dann zufälligerweise den traditionellen Moralvorstellungen einer bestimmten Gemeinde, eines Gemeindeverbandes oder einer theologischen Richtung entsprechen.

Ein paar Beispiele verdeutlichen dies:

In 1. Mose 9,20 ff. wird beschrieben, wie einer von Noahs Söhnen das Zelt seines betrunkenen Vaters betritt und ihn dabei aus Versehen nackt daliegen sieht. Als Noah seinen Rausch ausgeschlafen hat und von dem Vorfall erfährt, ist er so empört, dass er seinen Sohn Ham und all dessen Nachkommen verflucht. Und dieser Fluch verursacht später den andauernden Konflikt zwischen den Nachkommen Sems und den Nachkommen Hams. Den Vater nackt sehen als ein besonders schlimmes Vergehen. Bauen wir diese Sexual- und Schamvorstellung in unsere heutige Sexualmoral mit ein? Dürfen auch unsere Kinder uns bis zum heutigen Tag nicht nackt sehen? Ist Nacktheit immer noch tabuisiert, sogar innerhalb der eigenen Familie?

In 4. Mose 31 wird angeordnet, dass die Israeliten bei ihren Eroberungsfeldzügen alle feindlichen Bewohner – Männer, verheiratete Frauen und Kinder – töten müssen. Die Jungfrauen, die noch mit keinem Mann geschlafen haben, durften sie am Leben lassen und für sich selbst „nutzen". (4. Mose 31,14–18). Und das nicht als Arbeitskraft, Haushaltshilfen oder Köchinnen – dazu hätten die verheirateten Frauen wahrscheinlich besser getaugt –, sondern als Sexsklavinnen, als Kriegsgefangene, die einem sexuell gefügig sind. Das widerspricht komplett der Genfer Konvention über Kriegsverbrechen, für die wir alle unendlich dankbar sind. Nutzen wir auch diese Verse für die Entwicklung unserer christlichen Sexualvorstellungen? Sex mit kriegsgefangenen Frauen?

In 1. Mose 38 wird beschrieben, wie ein Mann durch einen sogenannten Coitus interruptus[60] immer wieder versucht, die Zeugung eines Nachkommen zu verhindern. Diese Weigerung, Kinder zu zeugen bzw. zu verhüten, missfällt Gott, woraufhin der Mann stirbt (1. Mose 38,8–10). Integrieren wir diese Vorstellung von Verhütung und Zeugung ebenfalls in unsere christliche Sexualmoral? Gehen wir zu den willentlich kinderlosen Ehepaaren unserer Gemeinde oder denen, die verhüten, und halten ihnen diese Verse vor, so wie wir zu den Homosexuellen gehen, um ihnen andere Verse aus den Mosebüchern vorzuhalten?

In 5. Mose 22 wird beschrieben, dass ein jungfräuliches Mädchen, das von einem Mann vergewaltigt wird, diesen heiraten muss, während der Vergewaltiger dem Vater den Braut-

---

60 Coitus interruptus = das männliche Glied wird beim Geschlechtsverkehr vor dem Orgasmus aus der Scheide gezogen, sodass kein Same eindringt und eine Schwangerschaft dadurch verhindert wird.

preis bezahlen muss. Und sie muss mit diesem Mann ihr Leben lang zusammenbleiben (5. Mose 22,28 f.). Stellen Sie sich vor, Ihre Tochter, gerade 18 Jahre alt, wird von irgendeinem fremden Mann vergewaltigt. Und jetzt muss sie ihn heiraten und ihr Leben lang mit ihm zusammenbleiben. Warum nehmen wir die Anweisung zur Homosexualität aus den Mosebüchern so ungeheuer ernst, aber diese Anordnung über die Heirat mit dem Vergewaltiger nicht?

In 5. Mose 25 wird beschrieben, dass ein Mann verpflichtet ist, anstelle seines verstorbenen Bruders seiner kinderlosen Schwägerin Nachkommen zu zeugen. Ist dieses Gebot Teil unserer Sexualmoral? Plädieren wir dafür, dass Männer in unseren Gemeinden im entsprechenden Fall mit ihrer verwitweten, kinderlosen Schwägerin Kinder zeugen? Warum nehmen wir die eine Stelle, die eine 3.000 Jahre alte Sexualvorstellung widerspiegelt, bis heute ernst, und eine andere in derselben Tora überhaupt nicht? Kann mir jemand die Logik dahinter erklären?

In 3. Mose wird festgelegt, dass Paare, die während der monatlichen Menstruation der Frau miteinander schlafen, aus dem Volk ausgerottet werden müssen (3. Mose 20,18). Todesstrafe wegen Geschlechtsverkehr in der Zeit, wenn eine Frau ihre Tage hat. Eine Frau durfte in dieser Zeit nicht einmal angerührt werden. Menstruationsblut macht unrein. Nehmen wir auch diesen Vers auf in unserer christlichen Sexualmoral?[61]

---

61 Während ich als Religionslehrer in der Oberstufe unterrichtete, machte ich mit meinen Schülerinnen und Schülern im Jahr 2008 eine Exkursion in die Synagoge nach Basel. Der dortige Synagogenvorsteher begrüßte mich und die Schüler mit Handschlag, die Schülerinnen allerdings nicht. Der Hintergrund war, dass er diese Bibelstelle über die verunreinigende Wirkung des Menstruationsblutes immer noch wörtlich nahm. Und da er nicht wissen konnte, welche der Schülerinnen gerade ihre Tage hatte, gab er sicherheitshalber keiner von ihnen die Hand.

In 5. Mose wird der Fall beschrieben, wie zwei Männer in einen heftigen Streit miteinander geraten, und die Frau des einen Mannes in absoluter Notwehr eingreift und – um ihren Mann zu retten – den Feind in seine Geschlechtsteile schlägt. (Deuteronomium 25,11 f.) Und was passiert dann? Bekommt die Frau einen Orden für ihren Mut? Nein! Man darf kein Mitleid mit ihr haben, sondern soll ihr die Hand abhauen! Wird auch dieser Vers Teil unserer biblischen Sexualmoral?

Natürlich ziehen wir all diese Verse nicht für unsere Sexualmoral heran. Das wäre auch absurd. Wenn Kinder nicht mehr ihre Eltern nackt sehen dürfen, wenn Vergewaltigungsopfer die Täter auch noch heiraten müssen, wenn Sex während der Periode einer Frau ein todwürdiges Vergehen ist, wenn man kriegsgefangene Jungfrauen vergewaltigen darf, dann sind wir wieder im Mittelalter und landen bei den schlimmsten Kriegsverbrechen. Aber den einen Vers über Homosexualität, den betrachten viele Christen als höchst relevant für unsere Sexualmoral und prügeln damit unaufhörlich auf Schwule ein. Wenn wir uns gegen Homosexualität aussprechen möchten, dann sollte das auf der Basis unserer ethischen Prinzipien begründet werden, vielleicht aus dem Leben Jesu heraus, aber nicht durch ein paar Verse in der Tora, während man gleichzeitig viele andere Verse vollkommen unbeachtet lässt, die aber genauso deutlich formuliert sind.

Ich bin der Meinung, dass sich keiner dieser Verse für eine heutige Sexualmoral eignet. Sie bilden vielmehr ab, welche sexuellen Vorstellungen in der damaligen Kultur herrschten, welche Rolle Frauen in der Gesellschaft spielten und wie weit man im Kriegsfalle von Gerechtigkeit entfernt war. Viele dieser Beschreibungen und Gebote sind für uns heutzutage völlig absurd, unverständlich, oft unmenschlich, sogar kriminell. Und doch wird immer wieder der Versuch unternommen, aus einigen dieser Verse das zu machen, wozu sie nie gedacht waren: das Herleiten einer christlichen Sexualmoral.

Die materielle Versorgung einer kinderlosen Witwe regeln wir heutzutage nicht durch eine Schwagerehe. Wir leben in einer komplett anderen Gesellschaft mit anderen sozialen Mechanismen. Einer vergewaltigten Frau wird heutzutage nicht geboten, ihren Vergewaltiger zu heiraten, weil wir andere Formen von Opferschutz kennen als diejenige, dass ein Vergewaltiger den Rest seines Lebens durch eine Ehe für diese entehrte Frau sorgen muss. Die meisten dieser Gebote und Regeln zu Sexualität haben nicht Sexualität im Sinn, sondern andere gesellschaftliche Themen wie materielle Versorgung, Schutz, Sicherheit, Familienehre oder Sippenerhalt. Sie eignen sich ganz und gar nicht dazu, die Grundlage für eine Sexualmoral im 21. Jahrhundert darzustellen.

Und doch brauchen wir eine Sexualmoral. Wir brauchen Spielregeln, Maßgabe, Grenzen und Vorstellungen, wie liebevolle Sexualität aussieht. Aber diese Sexualmoral leiten wir nicht durch beliebig ausgewählte Verse her, sondern indem wir an sexuelle Fragestellungen mit unseren ethischen Prinzipien herangehen. Das ist am Ende deutlich biblischer, als einzelne aus ihrem Kontext gerissene Bibelstellen auf sexuelle Fragestellungen anzuwenden.

Neuordnungen: Wenn Gott tut, was er nicht will

Ein für mich sehr hilfreiches Prinzip, gerade in Bezug auf die Frage der Homosexualität, ist die Idee der Neuordnungen.

Gott weiß, was er will! Und Gott offenbart uns seinen Willen. Gott ist nicht launisch, als könne er sich nicht entscheiden, was er wirklich will. Und doch entdecke ich, dass Gott sich trotz seines klaren Willens auf die Zerbrechlichkeit seiner Schöpfung und die Zerbrechlichkeit der menschlichen Existenz einlässt. *Gott ist kein gnadenloser Durchsetzer seines Willens!* Wie können Christen davon reden, dass Gott an einer echten und tiefen Liebesbeziehung zu den Menschen interessiert ist und gleichzeitig davon ausgehen, dass er immer bedingungslos seinen Willen durchsetzt? Was für eine Beziehung ist das, bei der Gott sich nicht auf den Menschen in seiner ganzen Zerbrochenheit und Menschlichkeit einlassen kann?

In den biblischen Erzählungen gibt es einige Beispiele, bei denen Gott sich bewusst auf die Situation, die Bedürfnisse oder die Beschränktheit von Menschen einlässt, obwohl dadurch sein eigener Wille nicht verwirklicht wird. In der Beziehung zu den Menschen ist Gott hin und wieder bereit, seine eigenen Vorstellungen hintenanzustellen. Er ist bereit, seinen ewigen Willen und seine ewigen Ordnungen zeitweise durch irdische Neuordnungen zu ersetzen. Das sind Ordnungen, die uns helfen, dass wir in unserer Zerbrochenheit, die nicht mehr das Idealbild des Menschseins widerspiegelt, eine neue für uns lebbare Ordnung finden, um nicht in der Willkür unterzugehen. Neuordnungen ermöglichen es uns, mit den Veränderungen und der Disharmonie in der Schöpfung leben zu können. Gleichzeitig erinnern uns alle Neuordnungen daran, dass die Dinge eben nicht mehr so sind, wie sie eigentlich gedacht waren. Und damit sind Neuordnungen etwas Vorläufiges und überbrücken die Zeit, bis Gottes Heil und Erlösung in seiner ganzen Fülle in dieser Welt sichtbar wird.

Bevor wir über Homosexualität sprechen können, lohnt es sich, einige dieser Neuordnungen kennenzulernen.

Vom Vegetarier zum Fleischesser

Wenn wir uns die Schöpfungserzählung anschauen (die ich, wie bereits angesprochen, nicht für einen historischen Bericht halte), dann wird deutlich, dass in diesem paradiesischen und friedvollen Zustand das Töten von Lebewesen und damit das übliche Fressen und Gefressenwerden nicht vorgesehen war. *„Als Nahrung gebe ich euch die Samen der Pflanzen und die Früchte, die an den Bäumen wachsen, überall auf der ganzen Erde. Den Landtieren aber und den Vögeln und allem, was auf dem Boden kriecht, allen Geschöpfen, die den Lebenshauch in sich tragen, weise ich Gräser und Blätter zur Nahrung zu.“* (Genesis 1,29 f. GNB). Gemäß dieser Erzählung entspricht es also der ursprünglichen Ordnung Gottes, dass Menschen und Tiere allesamt Vegetarier waren. Die folgenden Kapitel der Schöpfungserzählung machen deutlich, dass die Schöpfung nicht so paradiesisch und friedvoll funktionierte wie gedacht. Es entwickelte sich Feindschaft auf diesem Planeten. Feindschaft zwischen Tieren und Menschen. Irgendwann begann das Schlachten. Gott erkennt diese Unfähigkeit seiner Schöpfung zu absoluter Harmonie an und lässt sich darum einige Kapitel später auf diese Situation ein und formuliert sie in einer Neuordnung der menschlichen Ernährung. *„Gott segnete Noah und seine Söhne und sagte zu ihnen: ‚Seid fruchtbar, vermehrt euch und füllt die ganze Erde! Alle Tiere werden sich vor euch fürchten müssen: die großen Landtiere, die Vögel, die Tiere, die am Boden kriechen, und die Fische im Meer. Ich gebe sie in eure Gewalt. Ihr dürft von jetzt an Fleisch essen, nicht nur Pflanzenkost; alle Tiere gebe ich euch als Nahrung.‘“* (Genesis 9,1 ff. GNB). Obwohl Gott will, dass seine Schöpfung vegetarisch lebt, gestattet er hier das Essen von Fleisch. Und etwas später wird diese Neuordnung dann auch noch in den jüdischen Speisegeboten im Buch Levitikus ausformuliert.[62] Fleischessen entspricht also nicht dem Willen Gottes und ist trotzdem erlaubt und durch Speisegebote geregelt. Eine Neuordnung.

62 Siehe Levitikus 11,1-47.

Ehe und Scheidung

Auch in Bezug auf Ehe und Scheidung wird in der Bibel zunächst eine ursprüngliche Ordnung formuliert: *„Aus diesem Grund verlässt ein Mann seinen Vater und seine Mutter, verbindet sich mit seiner Frau und wird völlig eins mit ihr."* (Genesis 2,24 NeÜ). Diese Verse beschreiben die innigste Verbindung zwischen Mann und Frau, bei der sie völlig eins werden. Dieser Vers hat eine mögliche Scheidung dieser beiden überhaupt nicht im Blick.[63] Aber schnell wird deutlich, dass es vielen Menschen in ihrer Zerbrochenheit nicht gelingt, diese liebevolle eheliche Verbindung auf Dauer aufrechtzuerhalten. Und nun macht Gott etwas Erstaunliches: Er richtet für diese Zerbrochenheit eine Neuordnung ein. Im Deuteronomium erlaubt Gott die Scheidung von Mann und Frau mithilfe eines Scheidebriefs (Deuteronomium 24,1). Obwohl die Ehe ursprünglich darauf angelegt ist, nicht geschieden zu werden, formuliert Gott hier eine Neuordnung, die in gewissen Fällen eine Scheidung erlaubt. Und wenn Jesus im Neuen Testament davon spricht, dass diese Neuordnung des Scheidebriefs von Gott nur wegen der menschlichen Hartherzigkeit gegeben wurde[64], bestätigt das genau diesen Gedanken, dass diese Neuordnung eben eine Ordnung für die Not ist – die Not, dass die menschlichen Herzen so hart und lieblos geworden sind. Scheidung entspricht nicht dem Willen Gottes und wird trotzdem von ihm erlaubt. Eine Neuordnung.

Die Königsgesetze

Ein weiteres Beispiel sind die Königsgesetze im Alten Testament.

---

63 Jesus bestätigt das Verbot der Scheidung in der Schöpfungserzählung, wenn er in Matthäus 19,6 sagt: »Sie sind also nicht mehr zwei, sondern eins. Und was Gott zusammengefügt hat, sollen Menschen nicht scheiden.«

64 Siehe Markus 10,4–5.

Gott machte dem Volk Israel an verschiedenen Stellen deutlich, dass *er* ihr König sein wollte. Einen irdischen König lehnte Gott kategorisch ab[65]. Für ihn war allein schon der Wunsch nach einem König Ausdruck des Abfalls von ihm. Für die israelitische Bevölkerung stellte allerdings die Vorstellung eines unsichtbaren himmlischen Königs eine echte Herausforderung dar. Denn sie waren umgeben von Völkern, die alle einen irdischen, sichtbaren König hatten. Dieser regierte das Volk, war oberster Heerführer und oft auch oberster Priester. Und so flehten die Ältesten den Propheten Samuel an, er möge doch einen König über sie einsetzen. Und auch hier lässt sich Gott am Ende auf diesen Wunsch des Volkes ein, gewährt ihnen einen König und erlässt dafür eigene Königsgesetze. Er gibt diesem Wunsch nach einem irdischen Königtum damit in einer Neuordnung nach.[66] Ein irdischer König entspricht nicht dem Willen Gottes, und trotzdem wird das Königtum von Gott erlaubt und sogar gesegnet. Selbst Christus wird als Nachfahre des großen Königs David geboren.

Ehelosigkeit

Die Schöpfungserzählung und das ganze Alte Testament atmen die Idee der Gemeinschaft. Es ist nicht gut, dass der Mensch allein sei. Ihren innigsten Ausdruck findet diese Gemeinschaft in der Ehe. Diese göttliche Ordnung war so eindeutig, dass Heiraten und das Gründen einer Familie im Judentum zum Pflichtgebot erhoben wurde. Und für Christen war diese Ordnung so bedeutend, dass die Ehe in der katholischen Kirche zum Sakrament wurde. Man wird kaum eine christliche Hochzeit finden, in der nicht die bekannten Verse aus der Schöpfungserzählung

65 z. B. 1. Samuel 8,7 oder 1. Samuel 10,19.
66 1. Samuel 10,25.

zitiert werden. Und nun passiert etwas höchst Interessantes im Neuen Testament. Wir finden plötzlich Aussagen, die zur Ehelosigkeit raten und den Zustand des Alleinseins favorisieren. So schreibt Paulus im Korintherbrief: *„Den Unverheirateten und Verwitweten sage ich aber, dass es besser ist, so wie ich unverheiratet zu bleiben ... Wenn ich daran denke, welch schwere Zeiten uns bevorstehen, scheint es mir das Beste zu sein, wenn man unverheiratet bleibt. Wenn du eine Frau hast, dann versuche nicht, dich von ihr zu trennen. Aber wenn du keine hast, so bemühe dich auch nicht darum, eine zu finden."* (1. Korinther 7,8+26–27).

Paulus macht hier etwas Unerhörtes: Obwohl es die klare Ordnung der Ehe gibt und die jüdische Tradition und Praxis dies seit Jahrhunderten so bestätigt, rät er zur Ehelosigkeit. Für ihn ist die von ihm empfohlene Ehelosigkeit eine zeitbedingte Neuordnung. Paulus geht davon aus, dass die Tage dieser Welt gezählt sind und eine große Verfolgungswelle auf die Christen zurollt. Er erwähnt diesen Hintergrund im Text immer wieder:

- Wegen der schweren Zeiten, die uns bevorstehen ... (Vers 26)
- Die Tage dieser Welt sind gezählt. Darum gilt für die Zeit, die uns noch bleibt: Auch wer verheiratet ist, muss innerlich so frei sein, als wäre er unverheiratet ... (Vers 29)
- Denn die gegenwärtige Welt wird nicht mehr lange bestehen. (Vers 31)

Paulus ging davon aus, dass in der kommenden Zeit der Verfolgung die Ordnung der Ehe kaum aufrechtzuerhalten ist. *„Heiratest du trotzdem, so ist das keine Sünde ... Ich möchte euch nur die Belastungen ersparen, die jetzt in der Endzeit auf die Eheleute zukommen."* (1. Korinther 7,28). Aufgrund dieser besonderen Situation weicht Paulus in seinem Rat von der göttlichen Eheordnung ab und empfiehlt den Christen eine Neuordnung für diese bevorstehende Zeit: nämlich auf die Ehe zu verzichten, lieber unverheiratet zu bleiben und sich ganz auf die Nachfolge Jesu zu konzentrieren. Die Idee der Neuordnungen ist also nicht allein auf das Alte Testament beschränkt.

Die biblischen Texte zeigen, dass es Situationen oder Sonderfälle gab, in denen sich die Gläubigen über bestimmte Ordnungen hinwegsetzen konnten, weil diese so nicht lebbar oder aufrechtzuerhalten waren. Stattdessen bemühten sie sich um eine Neuordnung. Ich denke, dass diese Beispiele uns ein ganz wichtiges Prinzip lehren: Es kann Zeiten oder Umstände geben, die uns dazu herausfordern, mit großem Verantwortungsbewusstsein bestimmte Neuordnungen zu formulieren. Diese sollen Leben ermöglichen, gerade wenn ein Dasein mit der eigentlichen Ordnung nicht gelingen will. Die Beispiele zeigen, dass Gott nicht auf seinen Ordnungen beharrt, sondern mit den Menschen Wege sucht, damit Leben trotzdem gelingen und aufblühen kann.

In Neuordnungen entdecken wir Gottes „Ja" zu etwas, zu dem wir auch schon sein „Nein" gehört haben. Gott ändert dabei seinen Willen nicht einfach willkürlich, sondern er lässt sich auf seine Geschöpfe ein und schafft für sie Ordnungen, die einerseits der menschlichen Wirklichkeit gerecht werden und doch die Verwirklichung göttlicher Werte ermöglichen. Ich denke, dass wir auch heute aufgefordert sind, solche Neuordnungen zu entwickeln. Neuordnungen erschöpfen sich nicht in den biblischen Beispielen. Sie dienen aber als Grundlage und Anschauungsbeispiele, um zu allen Zeiten solche Neuordnungen zu formulieren.

Homosexualität

Was heißt das Ganze nun für den Bereich der Homosexualität? Meine christliche Prägung war lange Zeit sehr homophob. Als junger Christ konnte ich mich mit mancher moralischen Veränderung anfreunden, aber keinesfalls mit dem Thema Homosexualität. Bei diesem Thema ging bei mir der Rollladen runter. Hier war für mich die Bibel klar und jede Diskussion unnötig. Jahre später habe ich im Rahmen eines Kirchentages zwei homosexuelle Christen kennengelernt. Sie waren ein langjähriges Paar. Durch meinen eigenen Zerbruch, meine Scheidung und die selbst erfahrene Barmherzigkeit war ich nun in der Lage, diesen Menschen offen und aufmerksam zu begegnen. Wir verabredeten uns auf einen Kaffee, und die beiden erzählten mir ihre Geschichte. Ihre Leidensgeschichte! Über Jahre hinweg hatten sie versucht, von ihrer Homosexualität loszukommen. Keine Seelsorge, kein Fasten, kein Beten, kein Beichten, kein Loslösen und kein Exorzismus wurden ausgelassen, um frei zu werden. Aber alle Versuche waren kläglich gescheitert. Obwohl sie alles Mögliche unternommen hatten und das von ganzem Herzen, hatten sie nicht die erhoffte Befreiung erlebt. Und diese beiden Männer liebten Jesus von ganzem Herzen. Sie wollten ihm genauso wie ich gehorsam sein, ihm dienen und sein Königreich bauen. Mir standen hier keine bösen oder niederträchtigen Menschen gegenüber. Im Gegenteil. Sie beeindruckten mich mit ihrer Treue, ihrer Hingabe, ihrer Barmherzigkeit und ihrer Liebe. Und sie hatten vor allem einen Wunsch: endlich wieder dazuzugehören. Sie sehnten sich nach christlicher Gemeinschaft, danach, ihre Gaben und Fähigkeiten im Rahmen einer Gemeinde einbringen zu dürfen und tiefe Annahme zu erleben. Aber sie sehnten sich auch nach Partnerschaft, nach Zärtlichkeit und Geborgenheit, danach, ihre sexuellen Wünsche, die wir alle haben, leben und genießen zu dürfen. Aber wie sollte das gehen mit diesen scheinbar so eindeutigen Bibelstellen gegen Homosexualität? Wir trafen uns immer wieder, wir wurden Freunde und durch den persönlichen Kontakt mit Betroffenen wird plötzlich alles anders. Ich habe mich daraufhin erneut mit den scheinbar so eindeutigen Bibelstellen beschäftigt und die Idee der Neuordnungen entwickelt. Als Gemeinde entschlossen wir uns damals, homosexuelle Menschen herzlich willkommen zu heißen und ihnen die Tür weit zu öffnen.

Zu welchen Überlegungen bin ich also gekommen, die mir diese wohlwollende und positive Haltung homosexuellen Menschen gegenüber ermöglichen? Zunächst einmal muss ich vorausschicken: Ich halte Homosexualität nicht für die übliche oder die dem Menschen zugedachte Form der Sexualität. Das klingt im ersten Moment vielleicht widersprüchlich. Ich mache diese Aussage aber nicht aufgrund irgendeiner Bibelstelle. Ich komme zu dieser Beurteilung aus einem anderen Grund. Die Biologie und Anatomie des Menschen, also die Beschaffenheit seiner Sexualorgane und der Mechanismus der menschlichen Fortpflanzung machen deutlich, dass das männliche Glied der weiblichen Vagina und der männliche Samen der weiblichen Eizelle zugeordnet sind. Ich halte die sexuelle Beziehung zwischen Mann und Frau für die eigentliche Idee (Ordnung) der menschlichen Natur und – geistlich gesprochen – damit der Schöpfung. Aus dieser klaren und offensichtlichen Zuordnung von Mann und Frau, von männlicher und weiblicher Sexualität, ergeben sich all die biblischen Texte und Gebote, die diese Zuordnung beschreiben, festigen und schützen wollen.

Nun ist es aber so, dass sich ein bestimmter Prozentsatz der Menschheit homosexuell erlebt. Trotz dieser klaren biologischen Zuordnung von Mann und Frau, von männlichen und weiblichen Geschlechtsorganen, fühlen sich Menschen mit ihrem ganzen Sein zum gleichen Geschlecht hingezogen. Bis heute gibt es keine wissenschaftliche Erklärung dafür, warum das so ist. Warum empfindet der Großteil der Menschen heterosexuell und ein kleiner Prozentsatz homosexuell? Hat das mit der hormonellen Entwicklung im Mutterleib zu tun, der Entwicklung des Gehirns, der Genetik? Vielleicht klärt sich das irgendwann, vielleicht aber auch nie. Es ist in dem Sinne auch nicht wichtig. Entscheidend ist, dass Menschen so empfinden und sich das genauso wenig ausgesucht haben, wie ich heterosexuell empfinde. Sie finden sich so vor.

Auch wenn die Bibel die Liebe, Ehe und Sexualität zwischen Mann und Frau als göttliche oder eigentliche Ordnung beschreibt, glaube ich, dass es auch für Menschen, die sich homosexuell vorfinden, eine Ordnung geben muss: eine Neuordnung. So wie es Gott erlaubt hat, Fleisch zu essen, einen Scheidebrief zu schreiben oder die Ordnung der Ehe auszusetzen, so kann er es auch ermöglichen, dass Menschen mit einer homosexuellen Identität diese im Rahmen einer Neuordnung leben. Und ich sage bewusst: im Rahmen einer Neuordnung, nicht im Rahmen von Willkür. Diese Neuordnung bringt es mit sich, dass auch der homosexuelle Mensch verpflichtet ist, die biblischen Werte von Partnerschaft zu verwirklichen. Eine homosexuelle Beziehung ist wie eine heterosexuelle Beziehung angehalten zu Treue, Hingabe, Verbindlichkeit, Liebe, Verantwortung und zu einer lebenslang angelegten monogamen Partnerschaft.

Mir ist völlig bewusst, dass Neuordnungen ausgenutzt werden können. Neuordnungen sind immer ein Stück weit Notlösungen. Die Neuordnung des Fleischessens darf nicht dazu missbraucht werden, unseren Planeten ernährungstechnisch an den Rand des Ruins zu bringen, allen Menschen das tägliche Steak zu ermöglichen, Tiere zu quälen und die Urwälder abzuholzen, um Futteranbauflächen zu schaffen.

Und Scheidung darf nicht dazu missbraucht werden, nicht alles zu versuchen, eine Ehe zu retten und an der eigenen Hartherzigkeit zu arbeiten.

Und eine Neuordnung, die homosexuelle Lebensentwürfe ermöglicht, darf am Ende nicht zu einer Sexualpraxis führen, die nicht länger von Treue, Verbindlichkeit, tiefer Liebe und der Absicht einer lebenslangen Partnerschaft geprägt ist.

Man wird dem Thema Homosexualität aber nicht gerecht, wenn man die wenigen Bibelstellen, die sich dagegen aussprechen, zitiert, und damit ein für alle Mal erklärt, dass sich dieses Thema damit erledigt hätte. Denn mit genau der gleichen Methode könnte ich Verse zitieren, mit denen sich das Fleischessen ein für alle Mal erledigt hätte. Und ich könnte Verse zitieren, die das Königtum in Israel als unbiblisch darstellen. Und ich könnte Verse zitieren, die auch uns nichtjüdischen Christen vorschreiben, die ganze Tora einzuhalten. Ich möchte erst gar nicht den Versuch starten, die einschlägigen Bibelstellen gegen Homosexualität so zu deuten, als würden sie gar nicht von Homosexualität sprechen. Wahrscheinlich tun sie es. Aber das ist nicht das Ende der Debatte. Irgendwann wurde in der jüdischen Geschichte deutlich, dass Israel nicht ohne irdischen König regiert werden konnte, obwohl es klare Bibelstellen dagegen gab. Und Gott lässt sich auf diese „Eigenart" der Menschen ein und ermöglicht am Ende doch ein Königtum, hinter das er sich dann auch mit Haut und Haaren stellt. Und er versäumt es nicht, dieses Königtum mit einer (Not-)Ordnung zu versehen, in der sich göttliche Werte widerspiegeln.

Heute entdecken wir, dass es bei einigen Menschen die „Eigenart" (das ist nicht despektierlich gemeint) gibt, homosexuell zu empfinden, ohne dies je bewusst so entschieden zu haben. Und ganz im Geiste dieser Neuordnungen lässt sich meiner Meinung nach Gott auch auf diese Eigenart der Menschen ein und ermöglicht einen Lebensentwurf, der dieser Identität gerecht wird. Aber auch diese Neuordnung versäumt es nicht, einem homosexuellen Lebensentwurf göttliche Werte zur Seite zu stellen. Mir ist bewusst, dass wir nirgends in der Bibel diese von mir skizzierte Neuordnung für Homosexualität finden. Ich bin aber tief davon überzeugt, dass uns die Neuordnungen, die wir an anderen Stellen der Bibel finden, ein Prinzip lehren, um auch heute eine verantwortungsvolle Neuordnung für das Thema Homosexualität abzuleiten und zu entwickeln.

Zur Zeit der Apostel war das Empfinden eines Juden gegenüber einem Heiden mit genauso viel Unwohlsein, Widerwillen oder manchmal sogar Abscheu erfüllt, wie mir das heute oft gegenüber Homosexuellen begegnet. Die Abneigung, die viele Christen dem Thema Homosexualität gegenüber haben, ist für mich vergleichbar mit der Abneigung der ersten jüdischen Christen gegenüber den Menschen aus dem Heidentum. Ein Heide war für einen Juden so unrein, so verdorben, dass man nicht einmal sein Haus betreten, geschweige denn mit ihm gegessen hat. An einem bestimmten Punkt in der Apostelgeschichte erscheint Gott dem Petrus und macht ihm durch eine mehrmalige göttliche Vision deutlich, nicht länger so über die Heiden zu denken, sondern sich auf eine Begegnung mit ihnen einzulassen[67]. Petrus ist gehorsam und betritt tatsächlich das Haus des Heiden Kornelius, was sich in seinem Empfinden bisher immer als Ungehorsam und verunreinigend angefühlt hatte. Zu diesem Zeitpunkt war Petrus noch überhaupt nicht klar, wie das mit den Heiden theologisch und ekklesiologisch weitergehen sollte. Er wusste nicht, wie der konkrete Umgang mit den Heiden aussehen sollte und welchen Weg sie miteinander gehen könnten. Aber obwohl der konkrete Umgang und die konkrete Regelung noch nicht klar waren, hat sich Petrus auf diese Menschen eingelassen. Und erst später klärten sich dann inhaltliche und dogmatische Fragen. Es war ein Apostelkonzil

---

67 Apostelgeschichte 10: Petrus und Kornelius.

nötig, das eine neue Ordnung festlegte, wie man jetzt mit Heiden umgehen durfte. Und überraschenderweise wurde von den Heiden nicht verlangt, jüdisch zu werden, sich beschneiden zu lassen oder sich an die jüdischen Gepflogenheiten zu halten. Sie mussten nicht einmal die 613 Gebote der Tora erlernen oder halten. Das Ringen um den Umgang mit den Heiden war mit dem Apostelkonzil noch nicht vorbei. Fast in jedem seiner Briefe kämpft der Apostel Paulus weiter um den richtigen Umgang mit diesen Christen aus dem Heidentum. Aber Petrus hat sich als Erster auf diese Menschen und den Prozess eingelassen.

Was das Thema Homosexualität anbetrifft, möchte ich zu denen gehören, die den Mut haben, „in das Haus des Kornelius zu gehen" und damit einen Beitrag leisten, den Prozess voranzutreiben, der uns lehrt, wie eine Neuordnung für den Umgang mit Homosexualität aussehen könnte.

Neuordnungen und Homosexualität in wenigen Worten

Auch wenn Gott einen vollkommenen Willen hat, ist er kein gnadenloser Durchsetzer seiner Absichten. Gott ist sich der Unvollkommenheit und Geschöpflichkeit der Menschen bewusst. In seiner Beziehung zu den Menschen ist er daher immer wieder bereit, seinen Willen zu verändern oder anzupassen. In Form von Neuordnungen schafft Gott Gegebenheiten, die für Menschen lebbar sind und trotzdem die Umsetzung göttlicher Werte ermöglichen. Auch wenn es in der Bibel kritische Stellen zu Homosexualität gibt, eröffnet das Prinzip der Neuordnungen die Möglichkeit, mit einem veränderten Willen Gottes zu rechnen und damit lebbare Gegebenheiten für homosexuelle Menschen zu schaffen.

Teil 3
Praktische Schritte zur Glaubensveränderung

Nun haben wir uns über mehrere Kapitel mit vielen inhaltlichen und theologischen Fragen beschäftigt. In den abschließenden beiden Kapiteln geht es nun darum, einen ganz praktischen Blick darauf zu werfen, wie man diesen Glaubensumzug bewerkstelligen könnte. Am Ende geht es ja nicht nur um richtiges Denken, sondern auch um richtiges Leben. Welche konkreten Schritte sind notwendig, damit sich unser Glaube tatsächlich weiterentwickeln kann?

8. Dreifache Müdigkeit

Warum wir unser Lebensfeld nicht bis an den Rand abernten dürfen

In all den Jahren, in denen ich als Pastor tätig bin, ist mir immer wieder ein Phänomen begegnet, das einen ganz eigenen Beitrag zur Glaubensmüdigkeit leistet. Es sind eben nicht nur inhaltliche Themen, die den Glauben müde machen, sondern ein frustrierter Glaube hat oft eine enge Verbindung mit einem frustrierten Leben. Wenn Prioritäten falsch gesetzt werden und alle Kraft vom Alltag verschlungen wird, dann trägt das zu einem kraftlosen Glauben bei und lässt kaum Kapazitäten übrig, sich überhaupt mit einem Glaubensumzug zu beschäftigen. Obwohl man es fast nicht mehr aushält mit dem Glauben, in dem man steckt, schiebt man den überfälligen Umzug ständig vor sich her. Man findet einfach keine Kraft und Energie dafür. Ein frustriertes Leben resultiert oftmals aus der tragischen Abfolge dreier großer Ermüdungen: es beginnt mit Alltagsmüdigkeit, mündet in Gemeindemüdigkeit und endet bei der Glaubensmüdigkeit.

Alltagsmüdigkeit

Unsere Gesellschaft kennt viele Herausforderungen. Den Klimawandel, das Corona-Virus, Menschen, die vor Krieg und Hunger flüchten, politischen Extremismus usw. Aber auch der normale Alltag bringt eine Herausforderung mit sich, die wir erst seit einigen Jahrzehnten kennen: Stress. Stress ist ein neues Phänomen. Er ist etwas anderes als viel harte Arbeit. Menschen haben schon immer hart gearbeitet, zum Teil härter als wir heute, und trotzdem waren sie deutlich seltener gestresst. Stress hat weniger mit Arbeit zu tun als mit zu vielen Möglichkeiten. Er dreht sich um Maßlosigkeit.

Immer mehr Menschen sind alltagsmüde. Sie sind völlig überfordert von ihrem Alltagsleben und innerlich am Rotieren. Sie fühlen sich im Hamsterrad. Sie haben zu viele Hüte auf und zu viele Teller am Drehen. Ständig sind sie getrieben, gejagt von den Ansprüchen des Lebens. Das Leben muss ausgekostet, Möglichkeiten müssen genutzt, Zustände perfektioniert und Abläufe optimiert werden. Mit immer weniger Ressourcen muss immer mehr erreicht werden. Die neue Droge heißt Erfolg, Leistung, Perfektion. Menschen gewinnen der Welt immer mehr Möglichkeiten ab und bleiben seelisch dabei auf der Strecke. Schon Jesus hat gesagt: *„Was nützt es einem Menschen, wenn er die ganze Welt gewinnt und doch Schaden nimmt an seiner Seele."* (Matthäus 16,26).

Untersuchungen belegen, dass in den vergangenen 50 Jahren die Zufriedenheit und das gefühlte Glücklichsein der Menschen in den Industrieländern abgenommen haben. Paradoxerweise ging mit der Zunahme an Wohlstand, Freiheit und Möglichkeiten die Zufriedenheit zurück. Der Psychologe Bas Kast schrieb dazu:

> *In einem Versuch stellte eine US-Forscherin in einem Delikatessenladen einen Probiertisch auf, wo die vorbeikommenden Kunden verschiedene Marmeladensorten kosten konnten. In einer Variante des Versuchs standen sechs Marmeladensorten zur Auswahl, in einer anderen vierundzwanzig. Wie sich herausstellte, lockte das üppige Konfitürensortiment zwar recht viele Kunden an den Probiertisch. Diese aber schienen eher verunsichert zu sein. Sie hielten inne, zögerten, diskutierten das Für und Wider der diversen Sorten, nur um anschließend meist ratlos weiterzuziehen. Die wenigsten (drei Prozent) verließen das Geschäft mit einem Marmeladenglas in der Einkaufstasche. Ganz anders die Kunden der kleinen Auswahl: Von ihnen entschieden sich ganze 30 Prozent zum Kauf einer Konfitüre. [...] Weitere Studien offenbarten, dass Menschen bei einer mittelgroßen Auswahl von rund zehn Gegenständen nicht nur beherzter zugreifen, sondern am Ende auch glücklicher mit ihrer Wahl sind als bei einem Riesenangebot: weniger Auswahl, mehr Zufriedenheit.*
>
> *Das Ergebnis ist paradox. Spontan würden viele von uns wohl meinen, dass ein Angebot nicht groß genug werden kann. Luxuriöse Supermärkte bieten locker Hunderte von*

Marmeladensorten an, Online-Partnerbörsen prahlen mit Millionen von Mitgliedern. Und diese Vielfalt hat ja auch etwas Verlockendes: Schließlich wächst mit der Angebotsgröße die Chance, dass wenigstens eine Alternative (Marmelade, Lebenspartner) dabei ist, die exakt unserem Geschmack entspricht.

Auf der anderen Seite jedoch – und das übersehen wir leicht – bewirkt eine Optionserweiterung eben nicht nur Positives. Eine offensichtlich nicht so schöne Folge ist, dass man mit steigendem Angebot systematisch mehr verpasst. Sie betreten eine Eisdiele, die nur drei Eissorten anbietet. Sie bestellen zwei Kugeln, womit Sie fast alles ausgekostet haben, was Ihnen die Welt des Eisladens zu bieten hatte. Jetzt aber kommen Sie in einen modernen Laden mit 100 Eissorten. Entweder Sie probieren wiederum zwei Drittel der Sorten aus und lassen sich anschließend ins Krankenhaus einliefern. Oder Sie bestellen nur zwei Kugeln und verpassen die restlichen 98 (also fast alles).

Der Punkt ist, dass unsere Gesellschaft mehr und mehr dem modernen Eisladen ähnelt. Und so wie die Supermarktwelt mit Risiken und Nebenwirkungen für unseren Körper einhergeht (in Form von Übergewicht), so stellt die Überflussgesellschaft auch für unsere Psyche nicht immer nur einen Segen, sondern auch eine Herausforderung dar. Habe ich mich auch richtig entschieden? Hätte ich nicht lieber …? Sollte ich nicht, und ich könnte doch auch …? So rumort es im Kopf des modernen Stadtneurotikers angesichts der zahlreichen Optionen, von denen er – wie unbefriedigend! – immer nur einige wenige wahrnehmen kann. In gewisser Weise ist es unmöglich, der modernen Multioptionsgesellschaft gerecht zu werden. Entweder man erhöht das Lebenstempo, lädt sich jeden Tag viel zu viel auf und lebt in chronischer Burn-out-Gefahr. Oder es geht einem unendlich viel durch die Lappen.[68]

Auch mir begegnet diese Alltagsmüdigkeit auf Schritt und Tritt. Die ständige Überforderung, das Leben am Limit, die endlose Zahl von Entscheidungen, die vielen Möglichkeiten und Zerstreuungen oder die viele Arbeit ermüden und lassen uns immer weniger Spielraum. Im Gleichnis vom Sämann erzählt Jesus, wie das Samenkorn unter die Dornen fällt und das junge Pflänzchen von diesen am Ende erstickt wird. In seiner Auslegung dazu sagt er: *„Der von Dornen bewachsene Boden meint Menschen, die Gottes Wort zwar hören und annehmen, sich aber durch die Verpflichtungen, den Reichtum und die Zerstreuungen des Lebens schon bald wieder davon ablenken lassen. Auf diese Weise gelangt nichts zur Reife."* (Lukas 8,14 NLB)

Nichts kommt zur Reife. Ein zu hohes Lebenstempo verursacht viele lose Fäden im Leben. Dinge werden nicht abgeschlossen, vieles bleibt an der Oberfläche, entscheidende Themen bleiben unbearbeitet. Das daraus resultierende Lebensgefühl ist Stress und Alltagsmüdigkeit. Bei den wenigsten fehlt es am guten Willen, die allermeisten wünschen sich ein beschaulicheres Leben, Konzentration auf das Wesentliche, das Setzen von Prioritäten. Aber irgendwie scheint es ungeheuer schwer zu sein, dieses Lebenstempo abzubremsen und aus dem Hamsterrad der Sorgen und der Zerstreuung auszusteigen. Jahr für Jahr fassen wir die gleichen Vorsätze, nur um am Ende frustriert festzustellen, dass wir noch genauso alltagsmüde sind wie zuvor. Zu oft fühlt sich das Leben an wie eine Existenz im Notfallplan. Man lebt eigentlich immer über seine Kräfte und sein

---

68 ZEIT online: Bas Kast, Die Nebenwirkungen der Freiheit; https://www.zeit.de/wissen/2012-05/freiheit-psychologie-kast/komplettansicht.

Limit und die große Hoffnung besteht in besseren Zeiten. Aber die meisten von uns haben gemerkt, dass bessere Zeiten nicht kommen. Und selten gibt es Spielraum für Unvorhergesehenes.

Gemeinde- und Glaubensmüdigkeit

Zu allem anderen nimmt auch die Zahl der Anspruchsteller in unserem Leben ständig zu. Bei einem jungen Menschen sind es nur wenige, die einen behelligen: vor allem die Schule mit ihrem Lehrplan und den Prüfungen. Manchmal nerven auch die Eltern mit ihren Ansprüchen an ein ordentliches Zimmer, abgeräumtes Geschirr oder einen gemähten Rasen. Doch auch wenn man älter wird, hört es nicht auf, dass man sein Zimmer aufräumen, das Geschirr abräumen und den Rasen mähen muss. Aber nun kommen weitere Anspruchsteller hinzu: Der Chef oder die Mitarbeiter an der Arbeitsstelle fordern von mir Teamwork und Höchstleistung. Sobald ich mich in einer Partnerschaft befinde, wird verständlicherweise auch der Partner zum Anspruchsteller, der Zeit, Kommunikation, Liebe und Verständnis einfordert. Und wenn Kinder geboren werden, kommen weitere Anspruchsteller hinzu, die ihre Grundbedürfnisse einfordern.

Wer sich bei der Arbeit nicht weiterbildet, gehört bald zum alten Eisen oder hat keine Möglichkeit, Karriere zu machen. Irgendwann werden die eigenen Eltern zu Anspruchstellern. Sie werden gebrechlicher und brauchen unsere Unterstützung, Begleitung oder Pflege. Und es dauert nicht lange, bis unser eigener Körper zum Anspruchsteller wird. Was in der Jugend nicht nötig war, wird jetzt zur dringenden Notwendigkeit: für genügend Bewegung und gesunde Ernährung sorgen, unnötige Pfunde loswerden und den Kreislauf in Schwung halten.

Weil in einer perfektionistischen Hochglanzgesellschaft auch die Ansprüche steigen, sind die Anspruchsteller nur selten zu befriedigen. Diverse Fernsehsendungen und Medienberichte vermitteln, wie viel man in der Erziehung falsch machen kann und verunsichern eine ganze Generation von Eltern, denen auch der letzte Rest Gelassenheit flöten geht. Die Globalisierung und ständig neue wirtschaftliche Herausforderungen machen Arbeitsstellen zu modernen Arenen, in denen heutige Arbeitsgladiatoren um ihr berufliches Überleben kämpfen. Selbstverwirklichung und seinen Traum zu leben versüßt nicht länger das Leben, sondern wird zur Messlatte für Erfolg und bringt am Ende eine Menge Loser hervor. Unser Körper verlangt nach einem täglichen Maß an Wellness, Fitness und Pflege, das früher für einen ganzen Monat gereicht hätte.

Auch die christliche Gemeinde ist einer dieser Anspruchsteller. Als Mitglied einer Gemeinde sollte ich dort Zeit und Energie investieren. Der Besuch der Gottesdienste, Teilnahme am Hauskreis und das Einbringen meiner Gaben gehören zum sinnvollen Bestandteil meiner Integration und eines gesunden Gemeindelebens. Aber wenn einfach nichts mehr möglich ist, bleiben nur wenige Orte, an denen man streichen kann. Der Bandscheibenvorfall erlaubt es nicht, mit der Physiotherapie aufzuhören, und der Chef hat klipp und klar gemacht, dass die Überstunden überlebenswichtig für den Betrieb sind. Die Ehe steht bereits auf wackeligen Füßen und muss unbedingt gepflegt werden, und ein Sorgenkind braucht besondere Aufmerksamkeit. Alltagsmüdigkeit führt auf Dauer zur Gemeindemüdigkeit. Für viele ist die Gemeinde der einzige Ort, an dem man ohne unmittelbare Konsequenzen Einsparungen vornehmen kann.

Die Erfahrung zeigt, dass Christen, die lange genug alltagsmüde sind, irgendwann auch gemeindemüde werden. Und wer lange genug gemeindemüde ist, wer dadurch seinen Glauben nicht mehr in gleicher Weise pflegen und betonen kann, wer sich dadurch geistlich isoliert und nur wenige Impulse für seinen Glauben mitnehmen kann, der ist am Ende oft glaubensmüde. Eigentlich will das niemand so, aber unsere Alltagsmüdigkeit kostet ihren Tribut: Gemeindemüdigkeit und Glaubensmüdigkeit.

Glaubensmüdigkeit hat also nicht nur die im ersten Kapitel erwähnte Diskrepanz zwischen Glaubensinhalten und Lebensrealität als Ursache, sondern auch ein zu volles Leben, das von Alltagsmüdigkeit gekennzeichnet ist. Ich habe in meinem eigenen Leben wahrnehmen müssen, dass ich an beiden Fronten aktiv werden muss. Es reicht nicht aus, inhaltliche Glaubensfragen zu klären, wenn ich am Ende nicht die Energie und den Spielraum habe, die Gedanken zu Ende zu denken, Glaubensveränderungen wirklich zu vollziehen und neue Glaubenspraktiken einzuüben. Was kann uns also dabei helfen, aus dem Hamsterrad der Alltagsmüdigkeit herauszukommen?

Das Feld nicht bis zum Rand abernten

Leider kann ich kein neues Patentrezept liefern, das uns im Handumdrehen von Stress und Alltagsmüdigkeit befreit. Ich habe eigentlich nur ein altes, aber bewährtes Rezept auf Lager. Im obigen Text von Bas Kast klingt es bereits an: *„Entweder man erhöht das Lebenstempo, lädt sich jeden Tag viel zu viel auf und lebt in chronischer Burn-out-Gefahr. Oder es geht einem unendlich viel durch die Lappen."*

Wir müssen uns dafür entscheiden, dass uns etwas durch die Lappen gehen darf. In vielen Gleichnissen oder Reden hat Jesus genau das beschrieben, wenn er über Nachfolge und Jüngerschaft sprach. Jesus warnt uns vor einem zu hohen Lebenstempo, einem zu vollen Alltag und zu vielen Möglichkeiten, die unser Leben zuwuchern. Jesus sagt nicht wörtlich: „Lass dir vieles durch die Lappen gehen." Er wählt andere Worte:

„Da sprach Jesus zu seinen Jüngern: Will mir jemand nachfolgen, der verleugne sich selbst und nehme sein Kreuz auf sich und folge mir.“ (Matthäus 16,24 LUT) Sich selbst verleugnen. Damit ist nicht gemeint, seine eigene Identität zu verleugnen, ein Nobody zu sein oder nicht zu sich selbst zu stehen. Wörtlich meint „verleugnen“: sich weigern, verweigern, etwas abschlagen. Es geht hier um die Entscheidung, sich die eigenen Wünsche abzuschlagen, sich Optionen zu verweigern, Nein zu sagen zu noch mehr Möglichkeiten und Optionen. Einfacher, simpler, weniger, bescheidener, verzichten. Das ist Jesu Rezept für ein Leben, das nicht müde macht, sondern dem wahren Leben Platz schafft.

„Wer sein Leben festhalten will, wird es verlieren. Wer es aber um meinetwillen verliert, wird es gewinnen.“ (Matthäus 10,39 GNB) Hier geht es nicht darum, das Leben an sich zu verlieren, zu sterben, um es zu finden. Vielmehr geht es darum, eine ganze Reihe Möglichkeiten des Lebens nicht wahrzunehmen, um das, was Gott für mich hat, nicht zu erdrücken. Nachfolge heißt Loslassen. Da kann man nicht alles mitmachen, sich alle Optionen offenhalten, auf keine Möglichkeit verzichten wollen. Jesus redet von Menschen, die absichtlich mit weniger leben, als sie könnten. Von Menschen, die bewusst auf Optionen verzichten, die Entscheidungen treffen, auch wenn das Optimum noch nicht da ist. Offenbar hält es Gott für eine gute Idee, unser äußerliches Leben zu verkleinern, damit sich unser Inneres vergrößert.

Offenbar hält es Gott für eine gute Idee, unser äußerliches Leben zu verkleinern, damit sich unser Inneres vergrößert.

Bei vielen Menschen begegnet mir immer wieder das gleiche Phänomen: Sie verwechseln ein Leben in Fülle mit einem vollen Leben. Ihr Lebensgefühl ist ein Leben ohne zusätzliche Kapazitäten. Momentan läuft alles rund, momentan habe ich alles im Griff, aber wenn eine unvorhergesehene Sache dazukommt, gerät alles aus den Fugen. Ein Leben am Limit, ohne Spielraum, ein zu volles Leben gefährdet unser eigenes Aufblühen und raubt uns alle Kapazitäten, die Welt um uns herum zum Blühen zu bringen. Ich würde sogar behaupten, dass ein volles Leben der größte Feind eines erfüllten Lebens ist. Ohne Spielraum und Kapazitäten höre ich alles nur noch mit dem Appell-Ohr, dann ist alles zu viel, wird zur Bedrohung und jede weitere Belastung könnte mich zerbrechen.

Es gibt im Alten Testament eine spannende Regel, ein höchst interessantes landwirtschaftliches Gebot. Wir finden es an mehreren Stellen in der Tora:

„Und wenn ihr die Ernte eures Landes einbringt, sollst du das Feld nicht bis an den Rand abernten. Du sollst auch keine Nachlese halten. Lass es für die Armen und Fremden übrig. Ich bin Jahwe, euer Gott!“ (Levitikus 23,22 NEÜ)

„Wenn ihr eure Ernte einbringt, sollst du das Feld nicht bis an den Rand abernten. Du sollst auch keine Nachlese halten. Auch in deinem Weinberg sollst du nicht nachlesen und das Heruntergefallene nicht aufheben. Lass es für die Armen und Fremden übrig. Ich bin Jahwe, euer Gott!“ (Levitikus 19,9f. NEÜ)

„Wenn du bei der Ernte eine Garbe auf deinem Feld vergessen hast, sollst du nicht umkehren, um sie zu holen. Sie soll dem Fremden, der Waise und der Witwe gehören, damit Jahwe, dein Gott, dich in all deinem Tun segnet. Wenn du Oliven von deinem Ölbaum abklopfst, sollst du nicht anschließend noch die Zweige absuchen. Was hängen bleibt, soll dem Fremden, der Waise und der Witwe gehören.“ (Deuteronomium 24,19 NEÜ)

Das Feld nicht bis an den Rand abernten, keine Nachlese halten, nach dem Schütteln nicht noch die Zweige absuchen. In anderen Worten: Lass etwas übrig. Die damaligen Bauern mussten etwas übrig lassen für Menschen in Not. Damit der Bedürftige nicht vor die Hunde geht, sondern sein Überleben sichergestellt wird, mussten die Menschen auf ihren Feldern etwas übrig lassen von ihrer Ernte. Ihr Ernteverhalten musste die Kapazität haben, Menschen in Not zu versorgen. Es ging nicht nur darum, selbst mit allem versorgt zu sein, sondern auch darum, Notleidende versorgen zu können. Diesen Spielraum, diese Reserve mussten sie haben. Und darum durften sie ihren Acker nicht bis zum Rand abernten. Lass etwas stehen, lass etwas liegen, lass etwas hängen.

Ich glaube, dass diese Verse nicht nur ein soziales, sondern auch ein geistliches Prinzip beschreiben. Unser Leben ist wie dieses Ackerfeld, dieser Weinberg, diese Olivenplantage. Wir dürfen unser Leben nicht bis zum Rand abernten. Wir dürfen nicht das Letzte herausholen. Wir müssen in unserem Leben noch etwas stehen lassen. Wir dürfen in unseren verschiedenen Lebensbereichen nicht bis zum Letzten, bis zum Limit gehen. Immer wieder müssen wir uns die Frage stellen: Lebe ich kräftemäßig mein Leben bis zum Rand? Lasse ich noch Kraft übrig? Habe ich noch Spielraum für Unvorhergesehenes, das Kraft braucht?

Lebe ich zeitlich mein Leben bis zum Rand? Lasse ich noch freie Zeiten übrig? Habe ich noch Spielraum? Wenn die Bibel davon redet, dass wir die Zeit auskaufen sollen, ist damit nicht gemeint, auch noch das Letzte aus unserem 24-Stunden-Tag herauszuholen und ja keinen Leerlauf zuzulassen. Es geht vielmehr darum, das Beste und Vernünftigste aus unserer Zeit zu machen. Auch wenn sich in den letzten Jahrzehnten durch die 35- oder 38-Stunden-Woche die Arbeitszeit des Einzelnen verkürzt hat, hat sich doch bei vielen die Familienarbeitszeit deutlich erhöht. Das kann nicht spurlos an uns vorübergehen.

Obwohl ich kein Bauer bin, haben diese Verse für mich eine enorme Bedeutung, denn sie erzählen mir etwas Wichtiges über Kapazität und Spielraum. Was für den damaligen Bauer sein Acker war, das ist für mich heute mein Familienleben, mein Arbeitsleben, meine Freizeitgestaltung, meine Gesundheit, mein Schlafverhalten, mein Christsein, usw. Lebe ich mein Leben am Limit? Gehe ich bis an meine Kapazitätsgrenze bei Zeit und Kraft und Energie? Wenn wir selbst in Not geraten oder wenn wir auf die Not dieser Welt stoßen, dann ist es gut, wenn unser Kraftfeld, unser Zeit-, Finanz- oder Energiefeld nicht völlig abgeerntet und ausgeschöpft ist.

Wenn ich es ganz einfach formuliere, wollen uns diese Verse sagen: Baue Reserven in dein Leben ein. Aber Reserven kommen uns ganz schnell wie Verschwendung vor. Warum nichts machen aus dieser übrigen Zeit? Warum nichts tun mit dieser übrigen Kraft? Und die israelitischen Bauern werden sich gefragt haben: Warum nicht ernten bis zum Rand, warum weniger verdienen, warum weniger Vorräte haben? Wir können unser eigenes Leben und vor allem das Leben um uns herum nur zum Blühen bringen, wenn wir Spielraum an Kraft, Zeit, Energie, Hingabe und Leidenschaft haben.

Baue Reserven in dein Leben ein.

Und es geht mir nicht darum, Spielraum zu schaffen, damit wir eine weitere Sportart ausprobieren können oder ein neues Hobby anfangen, sondern Spielraum für ein erfülltes statt eines vollen Lebens.

Nur wenn wir unser Feld nicht bis an den Rand abernten, bleiben wir bewahrt vor einer Alltagsmüdigkeit, die im Schlepptau die Gemeindemüdigkeit und die Glaubensmüdigkeit hat. Und diese inneren freien Kapazitäten braucht es, um an einer Glaubensveränderung wirklich dranbleiben zu können. Die besten neuen Erkenntnisse über den Glauben und das schönste Bibelverständnis nützen am Ende nichts, wenn uns die Kraft fehlt zu glauben und zu leben, was wir an Neuem erkennen durften.

Glaubensmüdigkeit in wenigen Worten

Glaubensmüdigkeit ist nicht nur die Folge inhaltlicher Spannungen oder frustrierender Glaubenserfahrungen. Sie ist oft auch eine Folge chronischer Alltagsmüdigkeit. Ein Leben mit dem ständigen Gefühl der Überforderung macht auf Dauer auch gemeindemüde und erstickt das Potenzial unseres Glaubens. Die alttestamentliche Idee, das Feld nicht bis zum Rand abzuernten, sondern etwas für die Armen und Leidenden stehenzulassen, hat heute ungeahnte Relevanz: Auch wir sollten unser Lebensfeld nicht bis zum Rand abernten, damit genügend Kapazitäten übrig bleiben für unseren Glauben, einen notwendigen Glaubensumzug und das Unvorhergesehene des Lebens.

9. Vorwärtsglauben

Konkrete Schritte für die Weiterentwicklung des Glaubens

Wer zu diesem Buch gegriffen hat, steht vielleicht seit einiger Zeit vor den Trümmern seines Glaubens. Die im ersten Kapitel beschriebene Glaubensentwicklung ist vielleicht schon bis zur Ernüchterung oder Enttäuschung fortgeschritten. Der Weg, den Glauben neu zu entdecken und den Umzug zu vollziehen, liegt vielleicht noch vor einem. Aus eigener Erfahrung weiß ich, dass der Zustand der Ernüchterung und Frustration viel Kraft kostet und Energie bindet. Er kann auch richtig Angst machen! Für viele fühlt sich der Glaube daher gerade kraftlos und ausgebrannt an. Wer in der Phase der Dekonstruktion steckt,

Glaubensentwicklung darf nicht als Ende des Glaubens verstanden werden, sondern nur als Ende einer bestimmten Art des Glaubens.

kann sich den Wiederaufbau seines Glaubens noch gar nicht so recht vorstellen. Aber wer bis hierher gelesen hat, zeigt, dass wohl noch genügend Interesse und Verbundenheit mit dem Glauben vorhanden sind. Wie kann es jetzt also weitergehen? Was könnte helfen, sich auf die Reise zu begeben und die Kraft aufzubringen, die einzelnen Schritte für den Glaubensumzug zu gehen? Die folgenden Schritte sind persönlich gefärbt und bringen das zum Ausdruck, was mir auf meiner eigenen Reise gutgetan hat. Wer diese Schritte für sich selbst einmal durchgehen möchte, kann das im Notizteil am Schluss des Buches tun.

1. Schritt: Ehrlich werden

Irgendwann muss man mit sich, dem Zustand seines Glaubens und der eigenen Leidenschaftlichkeit ehrlich werden. Es hilft nicht, den Zweifel und die Verzweiflung wegzudrücken oder immer wieder hinunterzuschlucken. Erst im Ehrlich-Werden öffnen sich Möglichkeiten für Veränderung. Sich also nichts mehr vorspielen, sondern eingestehen, dass der Glaube in seiner jetzigen Verfassung nicht mehr passt. Sich zugestehen, dass die Art von Glauben, die einen viele Jahre erfüllt, begeistert und getragen hat, nun ihre Wirkung verloren hat. Glaubensentwicklung darf nicht als Ende des Glaubens verstanden werden, sondern nur als Ende einer bestimmten Art des Glaubens.

2. Schritt: Herz zeigen

Beten heißt Gott mein Herz zeigen. In den Tagen und Wochen meiner Zweifel und Verzweiflung habe ich eine Gewohnheit entwickelt, die mir in mehrfacher Hinsicht das Leben gerettet hat – mein emotionales Leben und auch mein Glaubensleben. Ich habe fast jeden Tag einen „Gebetsspaziergang“ im Wald gemacht. Ich schreibe das in Anführungszeichen, weil es ein Außenstehender wahrscheinlich kaum für Gebet gehalten hätte.

Ich habe den Wald gewählt, um nicht nur denken zu müssen, sondern auch laut reden zu können. Ich habe Gott einfach alles erzählt, was mir durch den Kopf ging: meine Zweifel, meinen Ärger, meinen Zorn, mein Unverständnis, mein nicht einverstanden Sein mit bestimmten Glaubensüberzeugungen, die Sturheit von Mitchristen, die geistliche Enge der Gemeinde, die Trauer über den Istzustand. Ich habe gejammert, geschimpft, gebettelt und provoziert. Für Gott war das kein Problem. Er liebt es, wenn wir ihm unser Herz zeigen. Und es war auch nicht schlimm, wenn es sich phasenweise eher wie ein Selbstgespräch als wie ein Gebet angehört hat. Aber dieses laute Aussprechen meines Wirrwarrs in Kopf und Herz hat mir geholfen, meine Gedanken zu ordnen, mehr und mehr Klarheit zu empfinden, auf den Kern zu stoßen und sprachfähig zu werden. Ich durfte es immer wieder erleben, dass Gott einen hilfreichen Gedanken fallen ließ, über den ich dann stolpern durfte. Solche Momente der Inspiration und Klärung waren Lichtblicke, Lösungsansätze, die Kraft gegeben haben. *„Wovon das Herz voll ist, geht der Mund über“* (Matthäus 12,34). Dieser Vers spricht nicht nur davon, wie sehr unsere Worte den Zustand unseres Herzens verraten, sondern auch davon, dass all das, was im Herzen steckt, raus muss und in Worte gefasst werden will. Man schlägt also zwei Fliegen mit einer Klappe: Man kann sich all das von der Seele reden, was belastet und quält, und bleibt dabei gleichzeitig in Verbindung mit Gott.

3. Schritt: Umzugshelfer finden

Für eine gewisse Zeit hat man den Eindruck, als sei man der Einzige auf der Welt, der solche ketzerischen Gedanken hat. Man fühlt sich einsam mit den Anfragen an den Glauben, die man hat, mit den Zweifeln, mit dem Hinterfragen oder auch mit der Frustration. Offensichtlich scheinen sich alle anderen in ihrem Glauben pudelwohl zu fühlen. Vielleicht ist man auch in einer Gemeinde, wo eine derartige Glaubensentwicklung selten thematisiert oder sogar tabuisiert wird. Wer sich in seinem Glauben nicht mehr zu Hause fühlt, steht in der Gefahr, durch die Dekonstruktion in der Isolation zu landen. Man hat auf einmal den Eindruck, mit ganz vielen Geschwistern im Glauben nichts mehr gemeinsam zu haben; man kann nicht mehr in diesen Gottesdienst gehen, kann nicht mehr diese Gemeinde, diesen Hauskreis oder diese christliche Konferenz besuchen. Und so isoliert man sich immer mehr, bleibt für sich und kocht zunehmend sein eigenes Süppchen. Statt den Glauben weiterzuentwickeln, entwickelt man Feindbilder und eine gefährliche Überheblichkeit all denen gegenüber, die am Alten festhalten wollen.

Mir hat es enorm geholfen, Menschen zu begegnen, die im gleichen Boot saßen wie ich. Sie stellten ähnliche Fragen, empfanden ein ähnliches Unwohlsein bei bestimmten Themen und befanden sich auf einer ähnlichen Suche. Solche Menschen können Reisegefährten werden. Sie können formulieren helfen, wofür man selbst noch keine Worte hat, oder dort bremsen, wo man übers Ziel hinauszuschießen droht.

Zudem gibt es richtig gute Umzugshelfer: Menschen, die einen Umzug hinter sich haben und einen sehr klärenden Beitrag dazu leisten können, was man mitnehmen, entsorgen und neu anschaffen könnte. Sie kennen das Prozedere, die Tücken, die Herausforderungen und Chancen. Von ihren Erfahrungen wollte ich lernen. Ich habe sie angeschrieben, mit ihnen telefoniert, diskutiert, sie aufgesucht und mir manches abgeschaut. Ich würde Ihnen dringend empfehlen, einen Glaubensumzug nicht allein zu vollziehen, sondern begleitet von Menschen, die Sie unterstützen, ermutigen und gegebenenfalls auch korrigieren. In Zeiten der Frustration sind wir anfällig und gefährdet. Wir sind über bestimmte Dinge besonders verärgert oder erleben in bestimmten Bereichen besonders großen Mangel. Die Gefahr ist dann, dass man aus Wut zu viel entsorgt, auch das Hilfreiche, oder sich auf theologische Einseitigkeiten einlässt, einfach nur, um das Alte los zu sein. Aber so kommt man eher vom Regen in die Traufe, statt ein wirklich neues und dauerhaftes Zuhause für den Glauben zu finden.

Außerdem gibt es eine Menge guter Materialien, die bei solch einem Umzug helfen können: Bücher, Predigten, Blogs, Podcasts oder Zeitschriftenartikel, die sich mit Glaubensveränderung befassen, die Glaubensphasen beleuchten und Perspektiven für veränderte Glaubensüberzeugungen eröffnen. Natürlich verweise ich an dieser Stelle gern auf meinen Podcast, der die Grundlage dieses Buches darstellt, aber noch viele weitere Themen bearbeitet: movecast.de. Am Ende dieses Kapitels finden sich weitere Tipps, Infos und Links zu Umzugshelfern.

4. Schritt: Sich den Ängsten stellen

Es gibt Phasen, vielleicht gerade am Anfang, da macht einem diese Entwicklung Angst. Vertrautes zu hinterfragen, an tiefen Überzeugungen zu zweifeln, das Gottesbild zu überdenken – das kann existenzielle Ängste auslösen. Was bleibt übrig von meinem Glauben? Wer bin ich am Ende dieses Prozesses, wenn der alte Glaube so lange meine Identität geprägt hat? Bin ich überhaupt noch Christ? Der Glaubensumzug kann sich anfühlen wie ein Aufbruch ins Unbekannte. Das liegt nicht jedem. Die meisten von uns sind gläubig geworden, weil wir Halt, Sicherheit und Klarheit suchten im Dickicht des Lebens. Das alles loslassen? Diesen Ängsten muss man sich stellen, man sollte sie nicht verdrängen. Es braucht Zeit, sich auf dieses neue Lebens- und Glaubensgefühl einzustellen. Und auch hier ist es wichtig, nicht allein damit zu sein. Es tut gut, sich mit diesen Ängsten jemandem anzuvertrauen.

Es gibt aber auch Phasen, da löst man vor allem bei anderen Ängste aus. Sie äußern vielleicht die Befürchtung, man habe den Glauben verloren. Man wird als liberal, lau, rebellisch oder ungehorsam betitelt. Vielleicht wird man sogar als Gefahr für andere eingestuft. „Fühlt der sich als etwas Besonderes? Ist dem unser Glaube nicht mehr gut genug?" Bei manchem will man vielleicht selbst nicht mehr mitmachen, bei anderem darf man plötzlich nicht mehr mitmachen. Solche Ausgrenzungen oder Verurteilungen sind schmerzhaft. Man fühlt sich verkannt, unverstanden und ungerecht beurteilt. Das bestärkt nur noch das Gefühl, möglichst schnell hier rauszuwollen. Ich habe versucht, mich daran zu erinnern, dass ich lange Zeit selbst so ausgrenzend gedacht und empfunden habe. In den meisten Fällen sind die Vorwürfe oder Ängste durchaus gut gemeint. Menschen haben Angst um unseren Glauben. Ich möchte die positive Absicht dahinter erkennen, auch wenn deren Beurteilung meiner Entwicklung nicht gerecht wird. So viel an mir lag, wollte ich mit allen Frieden halten. Neue Feindschaften sind in dem ganzen Prozess nicht hilfreich, eher neue Freundschaften. Und man muss auch nicht mit allem, was man neu erkannt hat, überall hausieren gehen. Wie in Schritt 3 angesprochen, lohnt es sich, sichere Menschen zu finden, mit denen man die Zweifel und Neuentdeckungen teilen kann. Ansonsten musste ich oft „aufs Maul sitzen", um nicht unnötigerweise mein Umfeld zu verunsichern oder zu provozieren.

Bis heute muss ich mir gerade als Pastor gut überlegen, welche eigenen Entwicklungsschritte ich auch öffentlich in der Gemeinde kommuniziere. Ich muss nicht alles in eine Predigt packen, was ich an Dekonstruktionserfahrungen gerade mitmache. Jemand sagte mir einmal: *„Sei einen Schritt voraus und du wirst zum Vorbild, sei drei Schritte voraus und du wirst zum Märtyrer."* Gerade im Kommunizieren dessen, was im eigenen

Glauben und Herzen vor sich geht, braucht es viel Weisheit. Es kann inspirieren oder abschrecken, zum Gespräch einladen oder in die Flucht schlagen. Es kommt auf die Dosis und das Gespür an, an welchem Ort welche Inhalte angebracht sind. Die persönliche Ehrlichkeit wird nicht dadurch ausgehebelt, dass man nicht alles brühwarm erzählt, sondern mit Feingefühl und Maß über das spricht, was einen tief beschäftigt.

5. Schritt: Geduld haben

Als wir vor vielen Jahren von einem Bauträger unser Haus bauen ließen, fiel mir auf, mit welchem Tempo dieser Bau vonstattenging. Niemand will schließlich noch lange Miete bezahlen, wenn er in sein Eigenheim ziehen könnte. Früher ließ man Häuser für viele Monate im Rohbau stehen, bis der Beton ganz durchgetrocknet war. Heute wird gleich weitergebaut, die Fassade fertiggestellt, der Innenputz angebracht und der Boden gelegt. Und weil der Ausbau zu schnell ging und man sich zu wenig Zeit gelassen hat, kommen früher oder später die unangenehmen Risse. Die Wand setzt sich, der Estrich war noch nicht ganz trocken und nun reißen die Fliesen. Es gibt Risse in den Ecken, und die Fugen springen auf. Beim Bauen muss man sich Zeit lassen – auch wenn man sein Glaubensgebäude neu erstellen möchte. Was man über viele Jahre oder Jahrzehnte geglaubt und verinnerlicht hat, lässt sich nicht einfach in kürzester Zeit abschütteln und überwinden. In der Phase der Dekonstruktion verliert man auch den realistischen Blick dafür, wie die Dinge wirklich sind. Gerade weil der alte Glaube oft so wenig durchdacht war, lohnt es sich jetzt umso mehr, neue Ansichten und Überzeugungen gründlich zu reflektieren. Der neue Glaube wird nicht erobert, er muss wachsen. Es lohnt sich, Stück für Stück ein Gefühl für die neuen Überzeugungen und ihre Wirkung auf Leben und Alltag zu entwickeln. Man gewinnt

Zeit, wenn man sich bewusst auf das konzentriert, was sich bewährt hat und was man bei seinem Glaubensumzug sowieso mitnehmen würde. Nicht alles muss dekonstruiert werden, was man jemals geglaubt hat. Wer zu schnell und zu global dekonstruiert, steht in der Gefahr, geistlich obdachlos zu werden. Und wir alle wissen, wie schwierig es ist, aus der Obdachlosigkeit wieder herauszufinden. Der Umzug muss nicht über den Umweg der Obdachlosigkeit vollzogen werden. Wer sich die nötige Zeit lässt, kann Schritt für Schritt sein neues Zuhause beziehen.

Der neue Glaube wird nicht erobert, er muss wachsen.

6. Schritt: Immer ein Lernender bleiben

Mit am kostbarsten an der Glaubensentwicklung ist es, mit seinem Glauben in Bewegung zu kommen. Glaubensentwicklung ist nicht damit abgeschlossen, dass man einen neuen Standpunkt einnimmt. Bei einer gesunden Glaubensentwicklung wird ein bestimmtes Glaubens-Gen aktiviert: Man hat keine Angst vor Entwicklung und möchte ein Lernender sein und bleiben. Jesus hat Menschen zu Jüngern gemacht. Er war ein Rabbi, der Jünger um sich sammelte. Rabbi meint Lehrer und Jünger meint Schüler. Jesus hat Menschen also zu seinen Schülern gemacht und das wichtigste Merkmal eines Schülers ist, ein Lernender zu sein. Lernen gehört zum Glauben wie Atmen zum Leben. Darum müssen wir keine Angst vor Neuem haben, keine Angst vor Nachdenken, vor Reflektieren und Diskutieren. Ich möchte, dass mich die Neuentdeckungen meines Glaubens, von denen ich in diesem Buch schreibe, leidenschaftlich machen. Das wird aber nur so bleiben, wenn es immer wieder zu Neuentdeckungen kommt und mein Glaube nicht stehenbleibt. Darum möchte ich ein Lernender sein und offen dafür, mich wieder von Überzeugungen zu trennen, die mir momentan so lieb geworden sind und mir anderes aneignen, das aktuell noch nicht auf meinem Horizont ist.

Nur das Lernen, die Abenteuerlust und Entdeckerfreude bewahren uns davor, in die Protestecke zu geraten. Mir sind zu viele Christen begegnet, die im Laufe ihrer Dekonstruktion im chronischen Protest gelandet sind und dort feststecken. Sie definieren sich vor allem über das, was sie nicht mehr glauben, womit sie nicht mehr einverstanden und wogegen sie sind. Sie verstehen ihren Glauben vor allem als Protest, als Anfrage, als Herausforderung demgegenüber, was die anderen immer noch glauben und was sie selbst einmal geglaubt haben. Sind wir einfach nur dagegen oder konnten wir neue Überzeugungen gewinnen, neue Ziele definieren und neue Werte formulieren?

7. Schritt: Das Leben feiern

Richtig glauben heißt noch lange nicht richtig leben. Auf der Suche nach neuen Glaubensüberzeugungen, nach Glaubensvorstellungen, die wieder passen, und Haltungen, zu denen man stehen kann, können Menschen manchmal ganz schön verbissen werden. Sie erleben den Glauben in dieser Phase eher als Kampf, als Auseinandersetzung, als Streit, als Ringen oder intensive Suche. Auf Dauer ist das anstrengend. Aber es geht am Ende nicht nur darum, richtig zu glauben, sondern mindestens genauso darum, richtig zu leben. Ein Vers, der mich seit meiner Jugend begleitet, steht im Buch Prediger: *„Sei nicht allzu gerecht und nicht allzu weise, damit du dich nicht zugrunde richtest. Sei nicht allzu gottlos und sei kein Tor, damit du nicht stirbst vor deiner Zeit.“* (Prediger 7,16 f. LUT 2017).

Nicht allzu gerecht und nicht allzu gottlos. Das ist eine spannende Mischung. Letztlich macht der Vers deutlich, dass man es auch übertreiben kann. Ich möchte nicht so ausgelassen leben, dass ich den Glauben darüber vergesse; ich möchte aber auch nicht so verbissen glauben, dass ich das Leben darüber vergesse. Ich verstehe meine Glaubensentwicklung als Prozess, als Reise, bei der mich niemand hetzt. Ich bin nicht auf der Flucht. Und daher möchte ich jeden erreichten (Glaubens-) Schritt feiern und mich darüber freuen. Es gehört seit längerem zum Lebensmotto unserer Familie: „das Leben feiern". Das wollen wir nicht verpassen. Auch wenn es im Glauben immer noch etwas zu lernen, zu verändern, zu beichten und zu erreichen gibt – wir wollen bereits jetzt und hier immer wieder das Leben feiern, genießen, ihm Raum geben und es zum Blühen bringen. Uns auch in der Unvollständigkeit und Unvollkommenheit des Glaubens am Leben freuen. Schon in der alten Wohnung Party feiern und sie nicht auf den Einweihungstag der neuen Wohnung am Sankt Nimmerleinstag verschieben. Ich möchte auch dann intensiv leben können, wenn der Glaube noch eine Baustelle ist: mit den Kindern spielen, Ausflüge machen, Freunde zum Essen einladen, Rotwein vor dem Kaminofen genießen, in die Sauna gehen, durch die Fußgängerzone bummeln, viel Eis essen, reisen, ins Kino gehen, in der Jazzkneipe ein Bier trinken, einen leckeren Kuchen backen, durch die Wälder stromern, meine Hobbys pflegen und vieles mehr. Das Leben feiern gibt Energie, füllt unsere Seele mit Wohlwollen und rüstet uns aus für geistliche Prozesse. Man kann Leben und Glauben nicht trennen. Sie brauchen einander und profitieren voneinander.

Vorwärtsglauben in wenigen Worten

Damit Glaubensveränderung gelingt, muss man ehrlich werden über den Zustand des eigenen Glaubens und sich mit den verbundenen Ängsten auseinandersetzen. Diese Phase braucht sichere Gesprächspartner und die Geduld, gründlich Neues zu bauen. Beten ist dabei wesentlich, aber oft nichts anderes, als Gott das eigene Herz zu zeigen. Glaubensentwicklung sollte keine verbissene Angelegenheit werden, sondern Räume eröffnen, das Leben ganz neu zu feiern.

Weitere Umzugshelfer

Immer wieder werde ich gefragt, ob ich Bücher, Blogs oder Podcasts empfehlen kann, die als weitere Umzugshelfer dienen könnten. Darum zähle ich im folgenden Material auf, dass ich für diesen Prozess als hilfreich erlebt habe. Und natürlich kann ich keine Verantwortung für jeden Blogbeitrag oder einzelnen Podcast übernehmen. Mindestens Teile von dem unten erwähnten Material können hilfreiche Gedanken im Prozess der Glaubensentwicklungen liefern.

Bücher

Thorsten Dietz – Weiterglauben: Warum man einen großen Gott nicht klein denken kann (Brendow Verlag)

Thorsten Dietz, Tobias Faix – Transformative Ethik – Wege zum Leben: Einführung in eine Ethik zum Selberdenken (Neukirchener Verlag)

Michael Diener – Raus aus der Sackgasse! Wie die pietistische und evangelikale Bewegung neu an Glaubwürdigkeit gewinnt (Adeo Verlag)

Timothy J. Geddert – Verantwortlich leben. Wenn Christen sich entscheiden (Neufeld Verlag)

Valeria Hinck – Streitfall Liebe. Biblische Plädoyers wider die Ausgrenzung homosexueller Menschen

Rob Bell – Das letzte Wort hat die Liebe. Über Himmel und Hölle und das Schicksal jedes Menschen, der je gelebt hat (Brunnen Verlag)

Rob Bell – Mit dir. Für dich. Vor dir. Was Gott ist. Und was nicht (Gerth Medien)

Rob Bell – Die Bibel – faszinierend, einzigartig und voller Geheimnisse: Warum dieses uralte Buch heute noch so relevant ist (Gerth Medien)
Philip Yancey – Der unbekannte Jesus. Entdeckungen eines Christen (R. Brockhaus Verlag)
Benjamin L. Corey – Unafraid: Moving Beyond Fear-Based Faith (Harper One)
Brian Zahnd – Water to Wine: Some of My Story (Spello Press)
Brian Zahnd – Sinners in the Hands of a Loving God: The Scandalous Truth of the Very Good News (WaterBrook)
Brian McLaren – Nachfolge auf neuem Kurs: Zehn Fragen, die den Glauben verändern (Aussaat Verlag)
Shane Claiborne, Tony Campolo – Die Jesus-Revolution: Was passiert, wenn wir IHN beim Wort nehmen. (Gerth Medien)

Blogs

Martin Benz: Was ich noch sagen wollte... (https://movecast.de/blog/)
David Jäggi: Sola Gratia (https://sola-gratia.ch/)
Peter Aschoff: Peregrinatio – auf zu neuen Ufern (https://peregrinatio.net/)
Benjamin L. Corey: formerlyfundie (https://www.patheos.com/blogs/formerlyfundie/)
Brian Zahnd: https://brianzahnd.com/
Gregory Boyd: ReKnew (https://reknew.org/)

Podcasts

Martin Benz (movecast.de)
Worthaus (Worthaus.org)
Thorsten Dietz, Martin Hühnerhoff (wort-und-fleisch.de)
Frischetheke Podcast (https://frischetheke-podcast.de/)
Karte und Gebiet: Ethik zum Selberdenken (https://karte-und-gebiet.de/)
Reflab: less noise – more conversation (https://www.reflab.ch/)

Dank

Auf meiner geistlichen Reise haben mich viele Menschen geprägt, beeinflusst und verändert. Es ist ein Vorrecht, diesen Menschen begegnet zu sein oder Freundschaft mit ihnen geschlossen zu haben. Es gehört für mich zum Schönsten, Inspiration zu erleben. Und ich danke allen, die zu dieser Inspiration in meinem Leben beigetragen haben.

Ich danke meiner Ehefrau und meinen Kindern, die dieses Projekt unterstützt haben und mir über mehrere Monate jede Woche Zeit eingeräumt haben, um zu denken und zu schreiben.

Ich danke meinem Freund Manuel Schmid (reflab.ch), der mir die Idee in den Kopf gesetzt hat, aus meinem Podcast ein Buch zu machen. Danke für deine Ermutigung!

Ich danke Thorsten Dietz (worthaus.org), der mich auf der Suche nach einem Verlag beraten hat.

Ich danke Hauke Burgarth, der dieses Buchprojekt ins Rollen gebracht hat und mir als Lektor mit Rat und Tat zur Seite stand.

Vielen Dank an David Jäggi (sola-gratia.ch), der mein Manuskript gelesen und mir viele wertvolle Tipps gegeben hat.

Ich danke Peter Aschoff (peregrinatio.net), der mich durch seinen Blog seit Jahren herausfordert, meinen Blick weitet und meine Glaubensentwicklung dadurch gefördert hat.

Ich danke meinem Freund Martin Bühlmann (vineyard-dach.net), der für Jahrzehnte auch Mentor meines Lebens war und ohne den meine geistliche Reise schon öfters Schiffbruch erlitten hätte. Du bist und bleibst mein ganz großes Vorbild!

Ich danke der Vineyard Basel (vineyard-basel.ch), deren Pastor ich 25 Jahre sein durfte und die mich gelehrt hat, dass Kirche der barmherzigste Ort der Welt sein kann.

Und ich danke dem Neukirchener Verlag, der dieses Projekt unter seine Fittiche genommen hat.

Literaturverzeichnis

11 Thesen zur missionalen Ethik, IGW Zürich 2019, https://www.igw.edu/website-wAssets/img/Dokumente-Web/Thesen-Missionale-Ethik-042020.pdf

Lukas Amstutz, Bienenberg Magazin, Winter/Frühling 2020, https://de.bienenberg.ch/medien/magazin7

Augustinus, „Liebe und tue, was du willst" ausgewählt von Michael Treberian, Insel Taschenbuch 1989

Klaus Grünwald, Theologisches Begriffslexikon zum Neuen Testament, Witten 2010

Bernhard Lohse, Epochen der Dogmengeschichte, Kreuz Verlag, Stuttgart 1963

Anders Nygren, Eros und Agape, Genf 1930

A. E. Wilder Smith, Warum läßt Gott es zu, Telos Verlag, Stuttgart 1996

Thorsten Dietz und Tobias Faix: Transformative Ethik – Wege zum Leben: Einführung in eine Ethik zum Selberdenken, Neukirchener Verlag, Neukirchen 2021

RGG, Die Religion in Geschichte und Gegenwart – Handwörterbuch für Theologie und Religionswissenschaft, 2. Aufl., Tübingen 1927

Edelbert Staufer, Jesus war ganz anders, Hamburg 1967

Meine Notizen zum Vorwärtsglauben

Manchmal ist es gut, schriftlich zu denken. Dazu können die folgenden Notizseiten helfen. Sie greifen noch einmal mögliche Schritte für die Weiterentwicklung des Glaubens auf und bieten Raum, die eigenen Gedanken dazu zu formulieren.

1. Schritt: Ehrlich werden
Mein Glaube „passt" mir nicht mehr, aber damit ist er nicht am Ende, er ist nur anders geworden. Das hier sind Dinge, die ich so nicht mehr glaube, bzw. die mir in meinem Glauben nicht mehr weiterhelfen:

2. Schritt: Herz zeigen

Beten heißt: Gott mein Herz zeigen. Natürlich kennt er es längst, aber es hilft mir, mir von der Seele zu reden und zu schreiben, was mich belastet.

3. Schritt: Umzugshelfer finden

Wer macht gerade einen ähnlichen Prozess durch wie ich selbst oder hat ihn bereits hinter sich? Wer eignet sich als Helfer oder Reisegefährte? Wem möchte ich zuhören und wer hört mir zu?

4. Schritt: Sich den Ängsten stellen

Was macht mir an meiner eigenen Entwicklung gerade Angst? Womit beunruhige ich andere um mich herum? Wie bringe ich meine Gedanken zur Sprache, bleibe gleichzeitig ehrlich und sage trotzdem nicht jedem alles?

5. Schritt: Geduld haben

Ich muss meinen neuen Glauben nicht erobern, er darf wachsen. Was sind Schritte, die ich sofort umsetzen sollte? Und für welche lasse ich mir besser Zeit?

6. Schritt: Immer ein Lernender bleiben

Meine Glaubensentwicklung bietet die Chance, von Standpunkten zur Nachfolge zurückzufinden. Also in Bewegung zu bleiben. Wie schaffe ich es, mich nicht nur gegen alte Überzeugungen zu stellen, sondern neue zu gewinnen, neue Ziele und Werte für mich zu definieren?

7. Schritt: Das Leben feiern

Mein Glaube kann richtig sein und trotzdem verbissen. Wie schaffe ich es, nicht im „Kampfmodus“ zu bleiben, sondern ein neues Zuhause im Glauben zu finden und gleichzeitig das Leben zu feiern?